당신은 늙고
고독한 사람...

김
찬

나 자신을 마주하는 시간,
내 안의 목소리를 듣는 시간,
나의 본질을 지켜내는 시간,
당신에게 그런 시간을 선물하고 싶습니다.

님께

드림

지금까지 산 것처럼
앞으로도 살 건가요?

1판 1쇄 발행 2019년 1월 24일
1판 23쇄 발행 2024년 9월 21일

지은이	김창옥
발행처	(주)수오서재
발행인	황은희, 장건태
책임편집	최민화
편집	마선영, 박세연
마케팅	황혜란, 안혜인
제작	제이오
주소	경기도 파주시 돌곶이길 170-2 (10883)
등록	2018년 10월 4일(제406-2018-000114호)
전화	031)955-9790
팩스	031)946-9796
전자우편	info@suobooks.com
홈페이지	www.suobooks.com
ISBN	979-11-965885-0-2 03320 책값은 뒤표지에 있습니다.

이 도서의 국립중앙도서관 출판시도서목록(CIP)은 서지정보유통지원시스템
홈페이지(http://seoji.nl.go.kr)와 국가자료공동목록시스템(http://www.nl.go.kr/kolisnet)에서
이용하실 수 있습니다.(CIP제어번호: CIP2019000440)

도서출판 수오서재守吾書齋는 내 마음의 중심을 지키는 책을 펴냅니다.

지금까지 산 것처럼 앞으로도 살 건가요?

내 인생의
판을 바꿀 질문

지금까지 산 것처럼

앞으로도 살 건가요?

김창옥
지음

수오서재

사람은 두 개의 이름을 갖는다.

하나는 태어나면서 얻는 것이요,

다른 하나는 스스로 만들어내는 것이다.

— 작자 미상

차례

1장

셀프텔러 Self-teller
내 안의 소리를 들어라

2장

셀프케어 Self-care
나를 인정하라

4장

셀프디벨롭먼트 Self-development
진정한 어른으로 성장하라

당신은 지금까지 어떻게 살아오셨나요?

"어제 산 것처럼 오늘도 살 거야."

해가 바뀌거나 달이 바뀔 때 사람들은 새로운 계획을 세우지만, 제 은사님은 이렇게 말씀하셨습니다. 어제처럼 오늘을 산다고. 그보다 멋진 삶은 없다는 생각이 들었습니다. 어제처럼 오늘을 산다는 것은 지나간 시간에 대한 후회나 아쉬움 없이 충만한 삶을 산다는 의미니까요. 앞으로의 삶도 그렇게 채워나가겠다는 뜻이니까요.

여러분은 어떻게 생각하시나요? 어제처럼 오늘을 살고 싶으신가요? 지금처럼 앞으로도 살고 싶으신가요? 이 질문은 스스로만 답을 낼 수 있습니다. 어쩌면 우리는 이 중요한 질문을 똑바로 마주하지 않기 위해 하루하루를 정신없이 바쁘게 살고 있는지도 모릅니다. 하루를 쫓기듯 꽉 채워 살아낸 후에 '나 오늘 되게 열심히 살았다' 하고 안도하며 말이지요.

한번쯤 직면하십시오. "지금까지 산 것처럼 앞으로도 살 건가요?"라는 질문을 말입니다. 삶에서 도망가지 마십시오. '행복해지려고' 살지 마십시오. 미래의 행복을 보장한다는 명목 아래 자꾸 삶에서 도망치다 보면 정작 그 미래가 왔을 때, 돈은 좀 벌었지만 행복이 없을 수도, 꿈꾸던 세계가 없을 수도 있습니다. 그러면 어떻게 될까요? 지금까지 살아온 세월에 엄청난 공허함과 서러움, 분노가 일어납니다. 돌이킬 수 없으니까요. 그간 슬프도록 열심히만 살아왔으니까요. 억울해지기 시작합니다.

강연장에서 만난 분들께 종종 묻곤 합니다. 지금까지 살아온 모습으로 살고 싶은지를. 그렇다고 대답하는 분들도 더러 있습니다. 그런데 자녀도 나처럼, 내가 살아온 방식대로 살았으면 좋겠는지에 대한 물음에는 그렇다는 대답을 듣기 어려웠습니다. 자신은 그럭저럭 만족하고 합리화하며 살아 후회가 없더라도 자녀는 더 날개를 펼쳐 온전히 자기 삶을 누리기를, 좀 더 여유롭고 순간순간을 행복하게 살기를 바라는 것 같습니다. 하지만 내가 그런 삶을 살아본 적이 없어서, 두렵고 잘 몰라서, 아이에게 남들이 좋다고 하는 길만을 제시하고 강요합니다. 이렇게 삶의 아이러니가 되풀이되는 것이지요.

이 책을 정리하며 저 역시 제 자신에게 많이 물었습니다. 지금까지 산 것처럼 앞으로도 살고 싶은지를.

"후회하지 않습니다. 하지만 이제 그렇게 살고 싶지는 않습니다."

이것이 제가 찾은 답입니다. 저는 지금까지 살아온 것을 후회하지 않습니다. 그 안에는 실패도 있었고 실수도 있습니다. 열심히 살아온 저에게 미안하고 고마운 마음도 큽니다. 하지만 전국을 돌며 빡빡한 강연 스케줄을 소화하고 탈진 상태로 집에 돌아와 잠들기 바쁜 그 삶을 앞으로 지속하고 싶지는 않습니다. 누군가는 제 삶을 잘 풀리는 삶으로 평가할 수도 있지만 자기 삶에 대한 평가는 자기 스스로만 할 수 있는 것입니다. 누군가는 "잘되고 있잖아. 앞으로 좀 더 노력하면 더 잘될 수 있어"라고 말할 수도 있지만 자기 삶에서 우선시하는 가치는 자기 스스로만 세울 수 있는 것입니다.

저는 그래서 지금 실험을 하고 있습니다. 일을 줄이고 새로운 시도를 하며 삶의 이야기를 새롭게 채우고 있습니다. 저같이 대중 앞에 서서 강연을 하는 사람이 일을 줄인다는 것은 벌이를 스스로 줄인다는 의미이기도 하지만 앞으로 사람들이 찾지 않을지도 모른다는 두려움도 감수한다는 의미이기도 합니다. 처음에는 큰 용기가 필요했습니다. 스스로 정한 휴식의 기간을 지켜내기 위해 의지가 필요했습니다. 사람에겐 쥐는 것보다 쥔 것을 내려놓는 것이 더 어려운 법입니다.

　한 달, 두 달, 그렇게 두려움과 맞바꾼 시간들이 쌓여 지금은 감히 꿈꾸지 않았던 삶을 선물 받은 느낌입니다. 남은 내 인생을 지금처럼 살고 싶지 않다고 고백한 김창옥. 그래서 새로운 길을 갔고, 지금도 걸어가고 있는 한 사람의 실험이 여기에 적혀 있습니다. 제가 삶을 완성해서 말하고 있는 것은 아닙니다. 저도 가본 적 없는 길이기에 두렵습니다. 하지만 비로소 잘 살고 있음을 두려움 속에서도 확실히 느낍니다. 설레고 즐거운 제 모습을 보고 자란 제 아이들도 이렇게 살 것이라는 기대를 품습니다.

함께하는 이가 있다면 더 수월할 것입니다. 그래서 제가 경험했던 변화의 과정과 실험들을 정리했습니다. 변화는 4단계로 일어납니다.

○ 내 안에서 나에게 말하는 존재 '**셀프텔러** Self-teller'를 만나는 단계
○ 세상 그 누구보다 나 자신을 먼저 돌보는 '**셀프케어** Self-care' 단계
○ 무너진 내 자존감을 보수하는 '**셀프이스팀** Self-esteem' 단계
○ 진정한 어른으로 성장하는 '**셀프디벨롭먼트** Self-development' 단계

나를 인지하고, 인정하고, 사랑하고, 성숙하는 단계를 차례차례 경험해보십시오. 어떤 날은 넘어져 무릎이 까지고, 어떤 날은 흥얼흥얼 콧노래 부르며 걷게 될 것입니다.

모든 삶에 들어맞는 정답은 아니겠지만 조금은 도움이 되지 않을까 생각합니다. 당신이 걷는 삶의 걸음걸음에 작은 힘을 더해드

리고 싶습니다. 지금 이 설레는 길을 당신도 걸었으면, 평온의 언덕을 당신도 찾았으면, 그래서 당신이 지금까지 산 것처럼 앞으로도 잘 살았으면 좋겠습니다.

2019년 새해를 시작하며
김창옥

1장

셀프텔러

내 안의
소리를 들어라

셀프텔러 *Self-teller*

내 안에서 나에게 말하는 존재

내가 나 자신에게 말할 때가 있습니다.

때로는 머리에서 때로는 가슴 안에서 그 목소리가 들립니다.

바로 '셀프텔러'의 목소리입니다.

저는 이 목소리가 인생의 방향키를 움직일 때

가장 중요한 요소라고 생각합니다.

삶에서 자꾸
넘어지는 이에게

감사하게도 제 강연을 찾아주시는 분들이 많습니다. 오셔서 들어주시고 물어주시고 같이 울어주시기도 합니다. 이 분들의 공통점은 인생이 두 바퀴로 간다는 것입니다. 인생이 네 바퀴로 가지 않고, 두 바퀴로 가고 있거나 두 바퀴로 갔던 분들입니다. 바퀴가 네 개면 참 안정적인데, 두 개뿐이면 아무래도 중심 잡기가 어려워 넘어지기 십상입니다. 정신을 바짝 차려야 하지요. 내 뜻대로 세상이 돌아가고 원하는 일이 그대로 이루어지며 갈등이 없거나 혹은 있어도 곧 해결되는, 그렇게 네 개의 바퀴로 인생이 굴러가는 분들은 보통 제 강연을 찾아오지 않습니다.

제 딸아이가 올해 여덟 살이 되었습니다. 이제 아장아장 걷는 어린아이가 아닌데 뛰다가 넘어져 턱과 눈가가 찢어져서 두 번이나 꿰맸습니다. 별다른 이유가 없습니다. 그냥 뛰다가 넘어졌습니다.

아이를 못 뛰게 할 수도 없고, 그냥 넘어지지 않도록 조심하라고 자주 주의를 줄 수밖에 없었습니다. 어느 날 아침, 아이를 학교에 데려다주는데 평소처럼 일상적인 이야기를 하면서 걸어가고 있었습니다. 아이가 앞서가는 친구를 보더니 먼저 뛰어가더군요. 그 모습을 보는데, 순간 알았습니다. 아, 제 아이는 안짱다리였던 것입니다. 그래서 기분이 좋고 흥분을 하면 뛰어가다가 자기 발에 걸려서 넘어지는 거였습니다. 아이를 데리고 병원에 데려갔더니 무릎부터 골반까지 다 틀어졌다고 했습니다. 교정을 해야 하는데, 다리 교정기가 150만 원 정도 하더군요. 골반에는 또 다른 장치를 해야 한다고 했습니다. 돈도 돈이지만, 짧게는 1년에서 길면 3년이 걸린다는 겁니다. 아이는 그 장치를 하고 잠을 자야 합니다. 잘 때 다리와 골반을 고정시키고 잔다고 생각해보세요. 보통 일이 아니었습니다.

삶의 걸음걸이를
체크해보세요

어느 날 문득, 우리도 삶에서 억울하게 자꾸 넘어지고 있다는 생각이 들 수 있습니다. 일도 잘 안 풀리고 인간관계도 꼬이고, 뭔가 될 것 같았는데 안 되고, 그렇게 자꾸 넘어집니다. '내가 뭘 그렇게 잘못했지? 나도 남들만큼 열심히 살고 있는데. 도대체 나더러 뭘 더 어떻게 하라는 거지?' 넘어져서 울고 싶은 아이처럼 그렇게 막막한 순간이 찾아옵니다.

한두 번도 아니고 자꾸 삶에서 부딪히고 찢어지고 부서지고, 그런 일이 반복된다면, 그 이유를 밖에서 찾을 수도 있지만 내 걸음걸이를 한 번은 점검해봐야겠다는 생각이 들었습니다. 반복해서 넘어지는 내 삶에 관심을 가져야 한다는 것입니다. '자꾸 이 동네에서 넘어지니까 이 동네를 떠날 거야.' '자꾸 이 직장에서 문제가 생기니까 이 직장을 떠날 거야.' 그래서 계속 옮기고, 옮기고, 옮깁니다. 물론 그렇게 해서 상황이 나아질 수도 있습니다. 그러나 근본적인 문제가 해결되지 않고 계속해서 내게 이상한 일이 벌어진다면, 나 자신 안에 갇혀 있던 나를 밖으로 꺼내 내 걸음걸이를 살펴볼 필요가 있습니다. 혹시 내가 안짱다리는 아닐까?

삶의 안짱다리를
교정하는 방법

의사 선생님이 안짱다리는 후천적 장애이기 때문에 고칠 수 있다고 했습니다. 아이들은 뼈가 연하기 때문에 좋지 않은 자세를 오랫동안 반복해서 취하면 뼈가 틀어진다고 합니다. 인생도 비슷하다고 생각합니다. 갑자기 큰 사고가 나서 삶의 운영방식이 틀어지는 경우도 있지만, 잘못된 삶의 자세를 오랫동안 취하다가 그것이 우리 삶의 운영방식을 바꿔버리기도 합니다. 잘못된 인생 습관이 그래서 무서운 것입니다.

안짱다리로 삶을 살다 보니 어쩔 수 없이 자꾸 넘어지는 것입니다. 계속 넘어지니까 그냥 걷지도 뛰지도 말고 가만히, 조심히 살자 싶기도 합니다. 그렇게 삶을 온전히 누리지도 못한 채, 근본적인 문제도 해결하지 못한 채 넘어지고 다치고 울게 됩니다.

의사 선생님의 마지막 말씀은 이랬습니다. "무조건 치료됩니다." 참 다행이었습니다. "다만 하루에 정해진 시간만큼 교정기를 제대로 하면 1년이 걸리고, 그렇지 않으면 3년이 걸릴 것입니다. 나쁜 자세로 생활하면 다시 돌아올 수도 있습니다. 그러니 하라는 것 하고, 하지 말라는 건 웬만하면 하지 말고, 힘들지만 1년에서 2년의 시간을 견디십시오."

불편하고 짜증나고 아프겠지만 교정은 마법처럼 되는 것이 절대 아닙니다. 삶의 안짱다리를 교정하고 싶다면 시간과 돈을 들여야 합니다. 그리고 더 강력히 필요한 것이 있습니다.

의지.

의지 없이 시간을 보내는 것은 도움이 되지 않습니다. 또 의지가 있어야 어떻게 해서든 돈을 만들 수 있습니다. 그런데 의지라는 것은 내 맘대로 되지 않습니다. 작심삼일이라는 말이 괜히 있는 것이 아니죠. 우리는 다 수차례의 경험이 있습니다. 태산 같던 의지가 금방 고꾸라졌던 경험이 있고, 숱한 다짐과 결단이 안개처럼 흩어져 버린 경험이 있습니다. 그렇게 다시 원점으로 돌아옵니다.

저는 이렇게 권하고 싶습니다. 너무 큰 의지를 품으려고 하지 마십시오. 하루 이틀로 그치고 마는 거창한 의지는 오히려 나를 실패자로 만들기 일쑤입니다. 그것보다는 가벼운 의지를 정기적으로 내보십시오. 의지도 근육과 같습니다. 나의 의지가 약하다면 아주 작은 의지를 바탕으로 소소한 성취들을 쌓아올려보십시오. 매일 반복하는 운동이 단단한 근육을 키우듯, 어느새 강인해진 스스로를 발견할 것입니다.

삶에서 계속 넘어진다면 나의 걸음걸이를 체크해보세요. 내 환경이 울퉁불퉁 거칠어서, 내 주변에 저런 인간들뿐이라서, 내가 워낙에 운이 없는 사람이라서 넘어지는 것이라고 핑계를 대다 보면 우리는 점점 좁은 세상에서 살아갈 수밖에 없습니다. 우리가 걸려 넘어질 물건은 수없이 많습니다. 언제까지 그것들을 탓하며 살 수는 없습니다. 실패가 반복된다면 내 삶의 걸음걸이가 어떤지를 돌아보세요. 만약 문제가 있다면 지금, 돈을 쓰고 시간을 투자하십시오. 그리고 그에 앞서 의지를 단단히 하십시오.

내 삶을
진단하는 법

저에게 영감을 주는 많은 사람 중 진모영 다큐멘터리 감독이 있습니다. 진 감독은 〈님아, 그 강을 건너지 마오〉로 누적 관객수 480만 명에, 역대 다큐 사상 흥행 1위라는 타이틀을 얻었습니다. 한국 영화 사상 투자 대비 가장 큰 수익을 올린 영화라고도 합니다. 주변 사람들 대부분은 진 감독을 로또 당첨된 사람처럼 바라보았습니다.

사람들에게 로또에 당첨되면 제일 먼저 무엇을 하고 싶으냐고 물으면 첫 번째가 회사에 사표를 내는 것이라고 합니다. 지긋지긋한 이 일을 당장 때려치우겠다는 것이지요. 제가 한 대기업에 강연을 갔을 때 행사 담당자님이 저에게 재킷 주머니 안에 있는 로또를 슬쩍 꺼내 보여주셨습니다. 자신은 매주 로또를 사는데 당첨번호가 발표되기 하루 전날이 가장 기분이 좋다고 하시더군요. 당첨이 된다는 상상만으로도 아드레날린이 솟구친다면서요. 재킷 주머니 왼쪽에는 로또, 오른쪽에는 사직서가 있다고 했습니다. 당첨되는 순간 사직서를 내기 위해 같이 가지고 다닌다면서 "이 맛에 사는 거 아니겠습니까" 하시더군요. 물론 그 맛에 사는 삶도 있겠지만 저는 진 감독의 삶을 보면서 큰 감동을 받았습니다.

이미 천국에서 사는 사람

진 감독은 로또에 당첨된 것이나 다름없는 큰돈을 벌었습니다. 하지만 〈님아, 그 강을 건너지 마오〉가 끝나자마자 바로 다음 작품 〈올드마린보이〉를 준비했습니다. 고생고생하다가 로또에 당첨됐는데, 그 행운과 복을 실컷 누리기는커녕 다시 짐을 싸서 시골 마을 바닷가로 내려가 그다음 고생을 시작한 겁니다. '나는 돈이 아무리 많아도 지금 하는 일을 계속 하겠다. 오늘을 사는 것처럼 내일을 살겠다' 하는 삶의 자세이지요. 이런 사람은 이승이 이미 천국입니다. 성과에 관계없이 하루하루를 후회 없이 사는 태도인 것입니다.

지금 스스로에게 한번 물어보십시오. '나는 로또에 당첨되면 무엇을 하고 싶은가?' 다행히 저도 당장 이번 주에 로또에 당첨되어도 여전히 하고 싶은 일이 있습니다. 바로, 제 안에서 떠오르거나 주변에서 발견한 이야기를 사람들에게 나누는 것입니다. 두 시간짜리 새로운 강연을 준비하기 위해서는 몇 달의 시간이 필요합니다. 시간 들여 숙성하고 준비해서 사람들 앞에 잘 요리해 내어놓았을 때, 사람들이 그 요리를 맛있게 음미하며 받아들여줄 때, 강연 막바지에 질문을 받아 더 깊은 이야기를 나눌 때, 그 순간, 그 공간에 흐르는 에너지가 있습니다. 저와 청중들 사이에 흐르는 건강하고 좋은 기운. 전 그때 죽음도 두렵지 않은 기쁨을 느낍니다.

사람은 스스로 잘 살고 있다고 느낄 때 죽음을 두려워하지 않는다고 합니다. 그래서 너무 행복할 때 '이대로 죽어도 좋아'라는 표현을 쓰기도 하지요. 인간은 결국 모두 죽습니다. 그 죽음을 이기는 방법은 안 죽는 것이 아니라 죽기에 두렵지 않은 순간을 자주 맞이하는 것입니다.

전 지금 제가 하는 일이 좋습니다. 더 잘하고 싶습니다. 스스로 무엇을 좋아하는지 이미 어릴 때 발견한 것 같습니다. '아, 내가 알게 된 좋은 것을 누군가에게 전해줬는데 그것으로 인해 그에게 도움이 될 때, 난 그걸 보는 게 행복하구나.' 그때는 그것이 무엇을 의미하는지 몰랐지만 지금은 명확히 알고 있습니다. 로또에 당첨된다 해도 일을 그만두고 세계여행을 가거나 투자를 위해 건물을 사기보다는, 이 일을 어떻게 하면 더 잘할 수 있는지 고민하고 그 방법을 찾기 위해 돈을 쓸 것 같습니다.

오늘까지는
내 인생의 전반전입니다

오늘은 우리 남은 인생의 첫날이라는 말이 있습니다. 그러니 이 말을 듣기 전까지가 전반전이고 이 말을 들은 이후부터는 후반전입니다.

당신은 언제 잘 사는 느낌을 받나요? 지금까지 살아온 방식으로 후반전을 살 건가요? 그리고 내가 살아온 방식대로 나의 자녀도 살길 원하나요? 이 물음에 한번 답을 찾아보셨으면 좋겠습니다. 이것이 바로 내 삶을 진단하는 가장 쉬운 방법입니다. 때로 우리 인생은 예리한 질문 하나로 우리가 어디에 있는지 그리고 어디로 가야 할 것인지에 대한 답을 찾을 수 있습니다. 삶이라는 게 복잡하게 풀려고 하면 매우 어려운 문제지만 쉽게 풀려고 하면 한없이 간단한 문제입니다.

가끔은 앞만 보고 열심히 달려야 할 때가 있지만, 이정표를 한 번씩 보는 것도 지혜입니다. 내가 가고 있는 길이 맞는지 들여다봐야 하고, 모르면 물어봐야 합니다. 삶은 간단합니다. 세상에서 제일 미련한 건 '모르는 것'이 아니라 '모르는데 물어보지 않는 것'입니다. 더 미련한 건 물어봐서 '답을 알았는데도 계속 잘못된 길로 가는 것'입니다. 그럴 거면 왜 물어본 걸까요?

회개悔改라는 단어 자체는 종교적인 말이 아니라 '가던 방향을 틀어 바꾼다'는 뜻입니다. 우리가 묻는 것은, 알기 위함이라기보다 방향을 수정하기 위함입니다. 물어보는 것은 부끄러운 것이 아닙니다. 모르는데 묻지 않는 게 정말 부끄러운 거겠죠. 내 가슴에게 물어보고, 각 분야의 선배에게 물어보고, 그래야 내 안에 무엇이 있는지 정확히 알 수 있습니다. 그래야 방향을 수정할 수 있습니다. 그렇게 산 사람과 아닌 사람은 나이 들어서 차이가 납니다. 사람이 젊을 때는 '젊기 때문에 그냥 예쁜' 구석이 있습니다. 돈이 없어도, 내 길을 몰라도 큰 흉이 되지 않습니다. 그런데 어느 정도 나이가 들었는데 해놓은 것도 없고 가려는 길도 없다면 어떨까요? 그렇게 허송세월하며 산 것을 부모 탓, 배우자 탓, 세상 탓만 한다면 아름다운 인생이라 할 순 없겠지요.

걷다가 중간에 모르면 꼭 물어보세요. 그러면 세상이 안내해줄 것입니다. 지금 내가 어디에 있는지 꼭 이정표를 확인하세요.

변 화 를 위 한 작 은 제 안   ✎

나는 지금까지 살아온 방식대로 앞으로도 살 것이다.

☐ YES   ☐ NO

내가 살아온 방식으로 나의 자녀도 살았으면 좋겠다.

☐ YES   ☐ NO

만약 두 질문의 답이 YES라면 나는 올바른 방식과 방향으로 가고 있는 것이고, 답이 NO라면 내 삶을 진지하게 고민해봐야 할 때입니다.

셀프텔러를
변화시켜라

내가 나 자신에게 말할 때가 있습니다. 때로는 머리에서 때로는 가슴 안에서 그 목소리가 들립니다. 바로 '셀프텔러'의 목소리입니다. 셀프텔러는 내 안에서 나 자신에게 말하는 존재입니다. 저는 이 목소리가 인생의 방향키를 움직일 때 가장 중요한 요소라고 생각합니다. 셀프텔러는 평상시에는 자주 말을 걸지 않습니다. 하지만 긴급한 상황이 벌어졌을 때, 중요한 판단을 해야 할 때 말을 걸어옵니다. 가령 자동차 접촉 사고가 났을 때 셀프텔러가 우리에게 말을 걸어옵니다. 어떤 셀프텔러는 이렇게 이야기를 합니다. "안 다쳐서 천만다행이다. 차는 보험처리하면 돼. 이만하길 정말 다행이야." 또 다른 셀프텔러는 이렇게 이야기합니다. "아, 짜증나. 어쩐지 요즘 별일 없이 잠잠하다 했다. 이럴 줄 알았지." 두 부류의 셀프텔러 중, 여러분의 셀프텔러는 어느 쪽인가요?

셀프텔러는
어디에서 올까요?

    셀프텔러의 존재를 찾는 여정은 '내 안의 어린아이'를 찾는 것으로부터 시작합니다. 셀프텔러는 우리가 과거에 사건사고를 당했을 때 우리의 가장 가까운 사람이 했던 언어와 비언어에서 가장 많은 영향을 받기 때문입니다. 언어는 말 그대로 소리화된 음성언어를 뜻하고, 비언어는 쉽게 말하면 표정이나 제스처입니다.

    제가 어렸을 때 봤던 한 미국 영화 속에서는 아이가 비싼 접시를 깨도 엄마가 화를 내지 않았습니다. 엄마는 대신 아이에게 다가와서 이렇게 말합니다. "Are you ok? No problem. Don't worry. I love you."

    저에게 이 장면은 충격으로 다가왔습니다. 저희 어머니는 말씀이 거친 분이셨죠. 저도 어릴 때 접시를 깬 적이 있습니다. 어머니는 "뭐단디 냄겨두냐. 다 깨부러라!" 하셨습니다.

    영화 속 충격적인 장면은 이뿐만이 아닙니다. 아이들이 바닷가에서 수영을 하고 놀다가 한 아이가 물에 빠져 죽을 뻔합니다. 아이를 구해낸 엄마는 아이의 의식이 돌아오자 눈물을 흘리며 이렇게 말합니다. "Are you ok? No problem. Don't worry. I love you." 그리고 이어서 이렇게 말하죠. "넌 이 힘든 사건을 통해 네가 우리에게 얼마나 소중한지 결코 잊어서는 안 된다."

저도 고향이 바닷가였습니다. 수영하다가 미끄러져서 죽을 뻔했었죠. 저는 어린 나이에 알았습니다. '위로는 필요 없다. 조용히 넘어가는 게 최고다. 엄마가 아시면 혼날 게 빤하다.' 그런데 막내누나가 가서 엄마한테 고자질을 한 거예요. 늦도록 집에 안 들어가다가 밤이 깊어서야 살금살금 기어들어갔습니다. 그때 만약 저희 어머니가 "괜찮니? 아무 문제없다. 걱정마라. 사랑한다"라고 말씀하셨으면 아마 제 인생에 반전이 일어났을 거예요. 그런데 어머니는 짧게 한마디 하셨죠. "뭐단디 살아부렀냐."

그때 아이였던 제가 느꼈던 감정을 생생하게 기억해요. 자책. '왜 나는 엄마가 하라는 공부는 안 하고 사고만 치고 다닐까? 왜 쓸데없는 짓만 하고 다닐까?' 나를 모자라다고 생각하고 내 선택을 비난했습니다. 저는 그런 사람으로 성장하고 있었습니다.

우리가 사건사고를 당했을 때 부모님이나 주변 어른들이 어떤 말을 해줬는지가 우리의 셀프텔러를 만듭니다. 왜냐하면 무의식은 의식의 반복이거든요. 반복해서 들었던 말이 나의 무의식을 만들어가는 것입니다. 그리고 무의식은 다시 의식에 영향을 주고요. 이렇게 반복되면서 그 사람의 운명이 되고, 삶 전체를 바꿔놓기도 합니다.

얼마 전 NGO 단체 '월드비전'과 함께 아프리카에 봉사활동을 다녀왔습니다. 아프리카에 가서 우물을 파거나 학교를 짓는 활동을 하는 줄 알았는데 우리가 간 곳은 내전 지역이었습니다. 수단에서 내전이 일어나 우간다로 100만 명이 피난을 왔는데, 그곳 난민촌에 수많은 아이들이 있었습니다. 그 아이들은 부모와 어른들로부터 보호받지 못하고 군인이 되었다고 하더군요. 너무도 일찍 커버린 거지요.

전쟁을 먼 이야기로만 생각하지 마세요. 우리 아이들에게는 집에서 엄마 아빠가 싸우는 것도 내전이라고 합니다. 그리고 그 내전은 난민촌의 소년병, 소녀병처럼 아이를 어른아이로 웃자라게 합니다.

제가 어렸을 때 부모님은 많이 다투셨습니다. 그럴 때마다 어머니는 저한테 도망가라고 했어요. 집 밖으로 도망을 가면서 저는 엄마를 두고 간다는 죄책감이 들었습니다. 공사장 같은 곳에서 쭈그려 앉아 두려움과 죄책감에 떨고 있으면 막내누나가 저를 찾아왔어요. 만약 누나가 저를 찾으러 와서 괜찮다고, 걱정 말라고 말해줬다면 좋았을 거예요. 그런데 누나는 그러지 않았어요. "야! 그래도 네가 남잔데 엄마를 지켜줘야 하는 거 아냐? 너는 왜 만날 아빠가 술 먹고 오면 도망가? 넌 겁쟁이야!" 그 말을 듣고 제가 누나에게 무슨 반박을 할 수 있었을까요. 그저 얼어버렸습니다.

아이는 뭔가가 잘못되면 자신이 잘못해서 그런 일이 일어났다고 생각합니다. 그렇게 보호받지 못하고 자란 아이는 온전한 어른이되지 못합니다. 그 아이의 체격, 지식, 사회적 지위는 어른이 될지몰라도 마음은 어린아이에서 멈춰버립니다. 어린아이일 때 보호받고 응석도 부리고 자기가 하고 싶은 것도 해봐야 하는데, 그걸 못하게 되는 거죠. 그리고 시간만 흘러 어른이 아닌 어른아이가 되는 것입니다.

그 내면의 아이는 평상시에는 잘 드러나지 않다가 관계를 맺을 때 비로소 등장합니다. 연인 관계, 부부 관계, 부모자식 관계 등 친밀하고 중장기적인 관계를 맺을 때 우리 안에 있던 아이가 목소리를 냅니다. 저 역시 마찬가지의 문제가 있습니다. 누군가와의 관계가 불편하면 저는 도망가버립니다. 누군가와 싸울 것 같으면 아예 말을 안 해버립니다. 제 안의 아이가 그렇게 살아올 수밖에 없었거든요. 엄마의 '도망가라'는 말과 누나의 '넌 겁쟁이야'라는 말을 듣고 자란 저는 갈등상황에서의 생존방법을 잘못 터득해버린 거죠. 사실은 싸우게 되더라도 직접 부딪쳐서 좋아져야 할 상황도 많은데 저는 그게 너무 두려운 것입니다. 안 해봐서, 도망쳐만 봐서, 얼어만 봐서….

내면 아이는
어떻게 치유할까요?

우리 안에 굳어버린 아이가 있다면 그 아이를 찾아가세요. 어른이 된 내가 그 아이에게 엄마 또는 아빠가 되어주는 것입니다. 그리고 그 아이가 그때 들었어야 했던 말을 지금이라도 해주는 것이지요.

"괜찮니? 문제없어. 걱정 마. 그리고 사랑한다. 이 힘든 상황을 통해서 네가 얼마나 소중한 존재인지 결코 잊어서는 안 돼."

이게 소위 '얼음땡'이라고 하는 것입니다. 어릴 때 얼음땡 놀이, 한 번쯤 해보셨죠? 술래가 사람을 잡으려고 할 때 '얼음'이라고 하면 술래는 더 이상 그 사람을 잡지 않아요. 이 사람은 누군가 '땡'을 해줄 때까지 얼어 있는 거지요. 마찬가지로 어른이 된 내가 '땡' 해줄 때까지 내 안의 아이는 마음이 얼어 있습니다.

소록도에 가면 나병을 앓고 있는 분들이 있어요. 그중 한 분이 신앙을 갖고 세례를 받았는데 외국인 선교사가 다가와 장갑을 벗고 그분 손을 잡으며 같이 기도하자고 했어요. '당신이 세례를 받았으니 내가 축하하는 기도를 해주겠다'고 하면서요. 그런데 이 환자가 막 우는 겁니다. 그렇게 썩 감동적인 기도문도 아니었는데 계속 우는 거예요. 기도가 끝나고 나서 "사실 내가 생각해도 큰 감동을 주는 기도문은 아닌데, 왜 이렇게 많이 우셨어요?" 하고 물으니 이렇게 대답합니다. "청소년 때 나병이 발병되어 부모도 나를 버리고, 친척들도 외면하고, 마을 사람들에게도 쫓겨나서 이곳에 왔는데, 그 이후로 나의 맨살을 만진 사람이 당신이 처음입니다." 20여 년 만에 처음으로 맨살로 맨살을 만져준 사람. 그래서 자신도 해석

할 수 없는 눈물이 터져 나왔던 것입니다. 그 선교사가 나병 환자의 살을 만지면서 '땡'을 해준 것이지요.

우리 마음속 대부분의 상처는 이렇게 터치해줄 때 치유가 됩니다. 그런데 우리는 누군가가 나서서 내 마음을 터치해주기만을 기다리고 있는지도 몰라요. 그리고 '땡'을 해줘도 뭔가 시원치 않다며, 누군가 나한테 계속 잘해주고 사랑해줘도 계속 외롭다며, 고독과 연민 속에 스스로를 가두고 그 안에서 살기를 택합니다. 사실 나오고 싶지 않은 거예요.

사연 뒤에 숨지 마세요. 위로 받지 못한 사연은 그냥 사연이에요. 그리고 사연 많은 사람, 사연 많은 인생, 사연 많은 집안이 되어버리는 거예요. 남들은 생각보다 우리한테 관심이 없어요. 여러분의 구구절절한 사연에, 여러분의 열등감에, 여러분의 수치스러웠던 과거에 별로 그렇게 관심이 없습니다. 그걸 어떻게 알 수 있을까요? 나도 남에게 별로 관심이 없잖아요. 우리는 보통 남의 눈물겹고 힘들었던 삶에 '저 사람은 왜 저렇게 살았지?' 이런 생각을 하지는 않습니다.

그 아이를 찾아가
안아주세요

내게 "괜찮다. 사랑한다"고 말해주는 엄마 아빠가 없었다면 그냥 내게 그런 부모가 없었다는 사실을 인정해버리세요. 그리고 상처 난 마음이 낫고 싶으면, 나의 셀프텔러를 변화시키고 싶다면, 나 자신을 터치해주세요. 사람은 기억을 머리에만 남기는 게 아니라 온몸에 남긴다고 해요. 그래서 내가 나를 안아주는 건 나의 지워지지 않은 기억을 안아주는 것과 유사하대요. 스스로를 두 팔로 안고 토닥토닥해주세요. 여기까지 살아온 자신에게 "괜찮니? 괜찮아"라고 하는 거예요. 좀 부끄럽고 어색하더라도 꼭 해보세요. 혼자 있을 때 한번 해보세요. 우리가 정말 괜찮아서 이런 행동을 안 하는 게 아니에요. 내가 나에게 괜찮냐고 묻는 게 어색해서, 괜찮냐는 말을 들어본 적이 별로 없어서 못하는 것뿐이에요.

사람은 아프면 아프다, 힘들면 힘들다, 속상하면 속상하다, 때로는 서글프고 외롭다, 그것을 인정하고 표현할 수 있어야 건강합니다. 슬플 때 울지 않으면 몸의 다른 장기와 기관이 대신 운대요. 어릴 때 잘 울지 않았다면 커서는 더 힘듭니다. 나는 엄마니까, 나는 사장이니까, 나는 남자니까 등등 울지 못할 가면이 덧씌워졌거든요. 진정으로 강한 자는 강한 척하지 않습니다.

어른이 된 우리는 스스로를 치료할 수 있습니다. 슬픈데도 울지 않고 괜찮은 척, 아무 문제 없는 척하지 마세요. 내 안의 소리가 상하고, 실제 내 몸도 상하게 됩니다. 지금까지 힘들었던 나를 안아주는 것이 가장 좋은 방법이에요. 부끄럽게 '토닥토닥' 정도에 뭐 대단한 게 있겠냐 싶으시겠지만 해보면 다릅니다. 해본 세계와 안 해본 세계는 절대 같을 수 없습니다. 눈물을 흘리지 않는다고 해서 눈물을 흘릴 일이 없다는 뜻은 아닙니다. 그러니 슬플 땐 울고 기쁠 때는 웃으십시오.

변화를 위한 작은 제안   ◊

버터플라이 허그butterfly hug라는 심리요법이 있습니다. 1998년 멕시코에서 허리케인을 경험한 사람들의 불안을 치유하기 위해 개발한 방법이라고 해요. 두려움, 근심, 불안, 걱정 등 감정적으로 동요가 심할 때 마음을 가라앉힐 수 있는 방법입니다. 굉장히 간단한데 효과는 매우 좋다고 합니다. 방법은 아래와 같습니다.

하나. 고요한 시간에 편안하게 자리를 잡고 앉습니다.
둘. 오른손은 왼쪽 어깨에, 왼손은 오른쪽 어깨에 X자로 교차해서 올려놓습니다.

셋. 천천히 네 번에서 여섯 번 정도를 부드럽게 토닥여줍니다. 이때 왼쪽과 오른쪽을 각 한 번씩 번갈아 토닥입니다. 이걸 심리학에서 '양측성 자극'을 준다고 하는데, 손으로 내 몸의 왼쪽, 오른쪽을 번갈아 두드리면 뇌의 양쪽이 자극되면서 부정적인 기억과 느낌을 감소시킬 수 있다고 해요.

넷. 이때 눈을 감고 안전하고 평온한 이미지를 떠올립니다. 내 마음을 편안하게 해주는 특정 장소가 될 수도 있고, '평화', '평온' 등의 단어를 떠올려도 좋습니다. 버터플라이 허그에서 매우 중요한 부분입니다. 저는 제주도 바람언덕을 생각합니다.

다섯. 그런 다음에 두드리는 것을 멈추고, 심호흡을 한 번 크게 하면서 마음을 가만히 느껴줍니다. 이게 한 세트입니다. 이렇게 서너 세트 정도를 하시면 효과적입니다.

좋은 것보다
나에게 맞는 것

제가 좋아하는 신발 브랜드가 있습니다. 외국 브랜드인데 한국에 들어온 지는 8년 정도 되었다고 합니다. 처음에는 딱 한 매장에서만 팔았어요. 그런데 어느 순간부터 이상하게 잘 안 신게 되는 거예요. 여전히 보기에는 좋은데 막상 신고 나서는 다시 손이 가지 않았죠. 사람 사이의 관계도 마찬가지인 것 같아요. 저 사람 참 괜찮아 보인다 싶었는데 막상 만나보면 나랑 잘 안 맞을 때가 있죠. 반면 저 사람은 좀 별로다 했는데 또 만나보니 나랑 잘 맞네 싶을 때도 있고요. 저한테 이 브랜드의 신발이 그랬습니다. 말가죽 신발이라 가격대도 높고 질 좋기로 유명한 신발이었어요. 그런데 저랑 잘 안 맞는 거예요.

그런데 우연히 다른 매장에서도 이 신발을 판다는 걸 알게 되었습니다. 그래서 8년 만에 새로운 곳을 가보았습니다. 직원이 저한테 "신발 몇 신으세요?"라고 묻더라고요. "저는 한국 사이즈로는 265 신고요. 이 브랜드 신발은 7 신습니다. 크게 신으면 7½을 신고요" 했더니, "어? 선생님 사이즈는 그게 아닌데요?" 그러는 거예요. 저는 항상 그 사이즈를 신었는데 제 사이즈가 8에서 8½이 맞다는 겁니다. 말가죽은 소가죽에 비해 탄력이 없고 짱짱해서 잘 안 늘어난다고 합니다. 소가죽은 연해서 신다 보면 잘 늘어나고요. 이 신발은 말가죽이니까 여유 있게 신어야 잘 맞는단 거였습니다. 그리고 제 발을 유심히 보더니 지금까지 사이즈만 잘못 신은 게 아니라 발볼이 좁은 신발을 신었다는 거예요.

평생 내 사이즈를
모르고 산다면

직원이 새로 내준 신발을 신으니까 소가죽처럼 편안했습니다. 겉은 예쁘고, 안은 오래 신은 신발처럼 편안했지요. 매장 직원은 덧붙여 설명해주었습니다. "손님, 이거 모르셨습니까? 신발 안쪽에 보면 사이즈 표기가 되어 있습니다." 저는 그때까지 사이즈 표기가 있는지도 몰랐고, 신발 안쪽에 쓰여 있는 영어는 단순히 제품 번호인 줄 알았습니다. 신발 안쪽을 보니 8, 8½ 이렇게만 쓰여 있는 것이 아니라 바로 아래에 B/D 이런 식으로도 표기가 되어 있었습니다. 알파벳으로 신발의 볼 사이즈까지 표기되어 있었던 것이지요.

이 신발은 두 가지 볼륨이 있는데, 첫 번째는 발볼의 볼륨, 두 번째는 발뒤꿈치의 볼륨으로 제가 8사이즈를 신을 때는 앞의 발볼 볼륨은 좀 크게 해서 D로 하고, 뒤꿈치는 B로 해야 한다고 설명해 주었습니다. 이래야 제 발에 맞는 사이즈라는 것이지요. 그때까지 제 사이즈를 모르고 살아온 것이었습니다. 그 신발을 신은 지 8년 만에 처음으로 제 맞춤 사이즈를 알게 되었습니다.

제가 보기에 인생이라는 길을 걸을 때 무조건 좋은 신발이 최고는 아닙니다. 신발의 첫째 목적은 편안함입니다. 나이가 지긋한 어른들은 아세요. "인생, 그렇게 화려한 거 큰 의미 없다. 편안하고 속 편한 게 최고야." 편안을 다른 말로 하면 평안이죠. 저도 제 삶의 1순위를 '평안'으로 두었습니다. 내 몸과 마음이 평안한지가 제일 중요합니다. 인생이란 것은 어찌 보면 여행인데, 여행에서 신발이 불편하면 내내 힘이 들거든요. 먼 여행을 갈수록 신발이 편안해야 합니다. 신발의 첫째 조건은 브랜드도 아니고 화려함도 아니고 편안함입니다. 모든 관계에서도 똑같아요. 부모자식 간에도 그렇고 연인 관계에서도 그렇고 직장생활도 그렇고, 평안하지 않으면 우리는 그 관계를 오래 지속하지 못하거나 힘들어합니다.

평안하려면
내 영혼의 사이즈를 알아야 합니다

사람들의 시선을 의식해서 나와 맞지 않는 걸 취할 수도 있습니다. 잘 보이고 싶고 좋아 보이고 싶어서 불편한데 꾹 참을 때도 있습니다. 그런데 그렇게 안 맞는 신발을 신고 하루 종일 돌아다니면 저녁에 피곤함으로 지쳐 쓰러집니다. 집으로 돌아오면 신발을 벗고 온전한 평안함을 누려야 하는데 잘 때까지 신발을 신고 자는 사람들도 있습니다. 거짓된 자아를 잠들 때마저도 부여잡는 사람들이지요. 그러고는 이렇게 얘기를 하죠. "이 신발은 나랑 안 맞는 것 같아." 하지만 단순히 신발이 안 맞는 게 아니라 내가 내 사이즈를 모르는 것입니다. 내가 나 자신을 모르는 것입니다.

그날 신발을 사서 돌아오면서 배신감이 들었습니다. '내가 그 가게를 8년을 갔는데 왜 그 직원은 이 얘기를 안 해줬을까? 자기들도 몰랐나? 내가 스스로 알았어야 했나?' 그런데 인생도 그렇잖아요. 살다 보니 내가 나를 모를 때가 있습니다. '내가 이 나이 먹도록 나를 제대로 몰랐네.' 이건 도대체 누가 얘기해줬어야 했던 것일까요? 부모님이 얘기해줬어야 하나요? 내가 스스로 깨달았어야 하나요? 누군가를 향해 배신감이 들거나 원망이 생길지도 모릅니다. 하지만 중요한 건 지금도 늦지 않았다는 사실입니다. 감사하게도 앞으로의 인생이 우리에게 남아 있으니까요.

45

안 맞는 신발들은 중고로 팔았습니다. 새 신발을 사느라 금전적으로 손해가 났지만 아깝지 않았습니다. 나한테 맞는 사이즈를 한번에 찾기 어려우실지 모릅니다. 저도 8년을 찾아 헤맸거든요. 인생이 한 번에 맞을 수 없으니, 손해 보는 것을 너무 아까워하지 말고 감수하십시오. 최종적으로 좋은 것을 맞추기 위해서 들인, 투자한 돈이라고 생각하시면 됩니다. 평안은 어느 날 하늘에서 뚝 떨어지는 게 아닙니다. 내 영혼의 사이즈를 알아야 비로소 누릴 수 있습니다. 좋은 물건보다 더 중요한 것은 나의 사이즈입니다. 우리의 영혼의 사이즈를 우리의 인생이 조금이라도 더 흘러가기 전에 알고 거기에 적합한 신발을 신으면 좋겠습니다. 당신이 평안하길 바랍니다.

변화를 위한 작은 제안

욕망은 때론 나의 힘이 됩니다. 너무 젊은 나이에 득도하려고 하지 마십시오. 때로는 욕망에 끝까지 반응해보세요. 그것이 물질적이고, 맹목적이고, 헛되고 허망할지라도 말입니다. 욕망에 집착하는 자신을 너무 심하게 검열하지 않았으면 좋겠습니다. 조금 실수도 해보고, 실패도 해보십시오. 대신 그러면서 본인의 마음을 바라봐주세요. 그러면 자연스럽게 마음이 마음의 고향으로 돌아가려고 할 것입니다.

'명품백을 너무 가지고 싶어. 내게 무슨 감정적 결핍이 있는 걸까? 사실 마음이 평안해지면 이런 거 다 쓸데없는 건데….'

굳이 이렇게 생각하지 않기를 바랍니다. 사고 싶으면 가방 몇 개 사보십시오. 무리를 해서라도 사보세요. 그리고 그 끝에 가보세요. 끝에 가서 스스로를 바라봐야죠. 너무 중간에서만 보거나, 아예 시작점에 서서 보지 말고요. 그래도 괜찮습니다. 젊은 날에 엄청난 구도자가 될 필요는 없습니다. 나이가 들면 어느 정도 철이 드는 게 맞는 거고, 마찬가지로 너무 젊은 나이에 철들려고 애쓰는 것은 바람직하지 않다고 생각합니다.

생기 없는 삶을
살고 있다면

법정 스님은 유언으로 "풀어놓은 말빚을 다음 생으로 가져가지 않겠다"며 그동안 출간한 자신의 책을 절판하라고 하셨습니다. 요즘, 말을 한다는 것의 책임감에 대해 많은 생각이 듭니다. 성경의 잠언에서도 "말이 많으면 허물을 면하기 어렵다"고 한 이유를 조금씩 알 것 같습니다.

하지만 저는 말을 많이 할 수밖에 없는 일을 하고 있습니다. 두 시간 세 시간 쉼 없이 청중들 앞에서 이야기를 하지요. 강의는 그냥 좋은 말만 늘어놔서는 안 됩니다. 아무리 강의 내용이 좋아도 사람들이 웃지 않으면 강의는 잘 풀리지 않습니다. 그렇다고 개그맨처럼 웃기기만 해서도 안 되고요. 말 속에 유머와 의미가 담겨 있어야 합니다.

유머라는 말의 어원은 라틴어 '우모르umor'에서 유래했다고 합니다. 이 단어는 '몸에 흐르는 액체'라는 뜻이었습니다. 즉 유머라는 말은 본래 흐른다는 의미를 가지고 있습니다. 우리는 흔히 유머의 뜻을 '재밌다', '웃기다'로 생각하지만 '흐르다'에 가까운 것이지요.

한국 사람의 슬픈 자화상

흐르기 위해서는 첫 번째로 많은 물이 있어야 합니다. 흐르기 위해서는 어딘가에서 많은 물을 받아 오거나 내 안의 샘이 가득 차서 흘러 넘쳐야 합니다. 그런데 저는 샘물이 고일라치면 퍼내고, 고일라치면 퍼내어 급기야 스스로 고갈됐다는 느낌을 받았습니다. 그렇게, 우울증이 찾아왔지요.

생기 없이 강의 하나 하나를 하면서 버텼습니다. 그러면서 한국의 가장들이 눈에 들어왔습니다. 영혼 없이 축 처진 어깨로 집과 일터를 오가는, 저와 참 많이 닮은 모습의 그들이요.

고로쇠나무의 수액은 아무 때나 받을 수 있는 것이 아닙니다. 겨울에서 봄으로 넘어가는 시기인 2월 전후 20일 안팎으로만 수액을 받을 수 있습니다. 수액을 받는 구멍도 산림청에서 정한 넓이와 깊이로만 가능합니다. 그렇게 구멍을 뚫어 호스를 연결하면 관절, 위장, 폐에 골고루 좋다는 고로쇠물이 나옵니다. 고로쇠라는 말 자체

가 뼈에 이롭다는 한자어 골리수骨利樹에서 유래한 것입니다. 날이
풀려 봄기운이 만연해지면 고로쇠나무는 수액을 멈춥니다. 봄에
자신에게 남아도는 물만 내어주고, 그 이후로는 수액을 내어주지
않는 것이지요.

고로쇠나무처럼 자기가 살아남기 위한 물은 간직하고 내어주지
않아야 하는데, 그러지 못한 사람들이 있습니다. 자신에게 필요한
물을 남긴 채 일을 해야 하는데 자기 물을 다 빼줘서 물 없는 나무
처럼 되어버립니다. 번아웃 증후군이라고 하죠. 어쩌면 우리나라
사람들 대부분이 이런 모습이 아닐까 싶습니다. 아빠라는 역할, 엄
마라는 역할, 직장인이라는 역할, 학생이라는 역할, 너나없이 자신
의 모든 것을 탈탈 털어 살아냅니다. 그러니 어느새 물기 없는 나
무처럼 삐쩍 마른 생기 없는 인생이 되어버립니다.

내 안의 샘물이 말랐을 땐
잠시 쉬어가세요

내 안의 물이 말라버렸다 느낄 때, 다시 샘물이 가득 차오를 때
까지 잠시 가만히 있어 보세요.

샘물은 위에서 들이붓는 것이 아니라 밑에서 차오르는 것입니
다. 때문에 샘물이 말랐다고 생각될 때는 뭔가를 억지로 하려고 하

지 말고 가만히 내버려두어야 합니다. 내 안의 수원水源에 문제가 없으면 조금씩 물이 차오릅니다. 필요한 것은 시간입니다. 마치 겨울에 모든 생명이 잠시 쉬어가듯 말입니다. 겨울은 아무것도 하지 않는 시기가 아니라 땅의 기운이 차오르길 기다리는 시간입니다. 그런데 우리는 그 시기를 참지 못하고 언 땅에, 쉬어야 하는 땅에 뭘 자꾸 심어보려고 합니다. 거기서부터 문제가 생깁니다. 뭔가를 해야 할 것 같아 조급하고 흘러가는 시간이 아쉽기도 하지만, 다시 샘물이 모아지기를 기다려야 합니다.

역시 영혼이 방전된 상태에서 제 기분과 상관없이 한 달에 서른 번, 마흔 번 항상 웃으며 강의를 하니 점점 힘들어졌습니다. 제 안의 샘물이 말랐어도, 잘나가는 아무개의 삶을 가져다가 분석하고 해석해서 좋은 말로 풀어낼 수는 있었습니다. 그런데 그렇게 내뱉는 말들이 저를 더욱 옥죄어 오는 느낌이 들었습니다. 자꾸만 말빚이 생겨나는 것 같았습니다. 상대방 입장에서는 제가 멈추지 않고 샘물을 퍼주는 게 좋을지도 모르지요. 하지만 '나에게는 좋지 않구나. 그리고 나에게 안 좋으면 장기적으로 상대방에게도 안 좋게 되겠구나' 하는 생각이 들었어요. 계속 남에게 퍼주는 것은, 게다가 나를 고갈시키는 느낌으로 하는 일은 반드시 나중에 문제가 됩니다.

그렇게 슬럼프가 옵니다. '일단 정지하라. 쉬어라'라는 메시지가 찾아옵니다. 내가 굉장히 잘난 것 같아 그 맛에 살았는데 사실 그렇게 잘나지 않았다는 것을 알게 되는 때가 옵니다.

우울증과 함께 찾아온 슬럼프는 저를 숨 막히게 했습니다. 강의 내용은 자꾸 겹치고, 짧아지고, 반응도 뜨겁지 않고. 그러면 전 또 스스로를 자책했습니다. '야! 새로운 이야기를 꺼내야지. 지금껏 한 번도 들어보지 못한 이야기. 그리고 왜 이렇게 재미가 없어! 차라리 박수 칠 때 떠나.' 이런 셀프텔러의 목소리가 자꾸 들려왔습니다.

우리는 스스로가 원하는 만큼의 성과를 내지 못하면 자신을 인정하고 받아들이지 못하는 것 같습니다. 조건부로 나의 영혼을 받아들이죠. 내가 잘해낼 때만 나를 나라고 인정합니다. 그리고 운명론적으로 살아요. '이게 내 길일까, 저게 내 길일까?' 사실 그렇게 정해진 길은 없습니다. 어느 길이든 괜찮아요. 해보면 알게 돼요. 내 길인지 아닌지. 그러니 손해는 없습니다. 그 뒤에 또 뭔가를 해보고 싶으면 또 해보세요. 그래도 괜찮습니다.

누구나 힘들어질 때가 있습니다. 살면서 반드시 그런 때가 찾아옵니다. 그러니 '내가 비록 지금 힘들지만 나중에 잘나갈 때는 지금을 잊지 않고 겸손해야지. 잘나갈수록 주변 사람들을 도와야지. 지금이 내 인생의 바닥이라고 치자. 항상 같은 자리에 머무는 것은 아니니 일어설 때도 찾아오겠지. 그땐 더 감사해야지' 이렇게 생각하고 계속하면 됩니다.

내 삶의 저수지에
물을 모으는 방법

힘들 때는 어떤 소리든 잘 들리지 않습니다. 그럴 땐 평상시에 쌓아놓은 물로 겨우 버티는 것입니다. 다른 누군가의 말을 듣기에 역부족이기 때문입니다. 즉 외부로부터 새로운 물을 제공받기가 어렵다는 것이죠. 책을 봐도 들어오지 않고 강연을 들어도 와 닿지 않는 시기입니다.

그러니 삶의 저수지를 하나씩 가지고 계시는 게 좋습니다. 마음이 겸허할 때, 당신이 무언가를 잘 수용할 수 있을 때, 조금 힘이 남아 있을 때 강의를 보거나 책을 읽거나 종교 활동을 하거나 명상을 하세요. 그것들을 빗물처럼 내 삶에 내려, 내 삶의 저수지에 모아두세요.

'그런 거 한다고 내 삶이 좋아져?' '강의 한 번 듣는다고 내가 바뀌어?' '책 읽는다고 문제가 해결돼?' 이렇게 회의감부터 드는 사람들도 많을 거예요. 그러면서 술을 마시러 가죠. 그런데 왜 우리는 술을 먹는 일은 도움이 된다고 생각할까요? 술을 마시면 실제로 몸의 온도가 1도쯤 올라가면서 스트레스 물질이 그 순간 잠시 녹는다고 합니다. 하지만 이런 방법은 지속력이 약하고, 중독성은 강합니다. 그리고 스트레스 물질과 함께 동시에 간도 체력도 녹아내리지요.

뭐든지 한 번 해서 바뀌진 않습니다. 그런데 그 한 방울, 한 방울이 우리의 영혼에 조그마한 저수지를 만듭니다. 꾸준히 하는 것만이 내 삶에 남고, 순간적으로 스트레스를 풀기 위해 했던 일들은 결국 몇 년 뒤에 보면 내 몸만 상하게 합니다.

여러분의 저수지를 채울 빗방울은 어떤 것인지 한번 생각해보세요. 삶이 늘 새로울 수는 없는 법입니다. 우리는 새로운 것을 만나도 금방 익숙해지거나 길들여집니다. 그런 게 두 번 세 번 반복되면 자괴감이 생깁니다. 직장도 계속 옮겨 다니다 보면 처음에는 회사의 문제라고 생각해요. '이 회사가 문제야. 저 회사도 문제네. 왜 내가 가는 회사는 다 이 모양이지?' 그러다 보면 어느 순간 이렇게 생각하게 됩니다. '내 팔자가 재수가 없나? 나는 왜 이렇게 하는 일마다 안 되지? 나는 왜 만나는 사람마다 저런 놈들이지?' 나를 가장 힘들게 하는 건 세상에 대한 원망이 아니라 자괴감인 것 같아요.
　과거의 저처럼, 샘물이 다 말라버려 힘든 분들이 있을 거예요. 슬럼프는 멈춤이 아니라 충전의 시간입니다. 그러니 일단 정지하는 것을 두려워하지 마세요. 힘들 때는 조금 앉아 쉬세요. 계속 서 있으면 나중에 아예 회복이 안 될지도 몰라요. 아무 일 없는 척, 괜찮은 척, 다 이겨낼 수 있는 척하지 마세요. 그래야 우리에게 그다음 단계가 있지 않을까요?

아래는 번아웃 증후군을 테스트할 수 있는 체크리스트입니다.
10개 중 3개 이상이면 본인이 번아웃 증후군은 아닌지 살펴봐
야 합니다. 만약 3개 이상에 그렇다고 대답하셨다면 '일단 정
지' 해보시길 추천합니다.

물론 당장 눈앞의 생계가 달려 있으면 그러기 쉽지 않습니다.
하지만 1시간짜리 일단 정지는 어떤가요? 지금 바로 자리를
탁 털고 일어나 1시간 동안 일단 아무 생각 없이 푹 쉬어보세
요. 한결 몸이 가벼워질 것입니다.

1. 일을 할 때 의욕이 없고 무기력하다.   ☐

2. 일을 마치거나 퇴근할 때 완전히 지쳐 있다.   ☐

3. 아침에 일어나 출근할 생각만 하면 피곤하다.   ☐

4. 맡은 일에 심적 부담과 긴장을 느낀다.   ☐

5. 업무를 수행할 때 쉽게 싫증을 느낀다.   ☐

6. 업무 자체에 관심이 별로 없다.   ☐

7. 소극적이고 방어적으로 일한다.   ☐

8. 나의 직무 기여도에 대해 냉소적이다.   ☐

9. 스트레스를 풀기 위해 순간적인 쾌락을 즐긴다.   ☐

10. 최근 짜증, 불안이 많아지고 마음에 여유가 없다.   ☐

고요한 나만의
시간을 가져라

조용한 산책길을 걸어본 지 얼마나 됐나요? 사위가 어둑해지는 초저녁이나 오가는 사람 별로 없는 먼동 트는 무렵에 자박자박 내 발자국 소리에 귀를 기울이는 그런 산책 말입니다. 사람은 정말 고요한 시간을 가지면 원래 있던 소리가 잘 들리고 자기 내면과 마주하게 됩니다. 그러면 내가 무엇을 어떻게 해야 할지 알 수 있습니다. 우리가 어떤 선택 앞에서 갈팡질팡하고 늘 분주한 이유는 고요히 내면의 소리를 들을 기회가 없기 때문입니다. 늘 소란스러움 속에 있으니 내면의 목소리는 들리지 않고, 자꾸 마음만 흔들려 필요 이상으로 타인의 의견을 구합니다. "이거 어떤 것 같아? 저건 어떤 것 같아?" 사실 답은 자기 안에 있는데 말이죠. 상대방의 의견을 듣고 싶어서 묻는 것이 아니라 정처 없이 흔들리기 때문에 묻는 것입니다.

이때 정말 필요한 것은 '타인의 의견'이 아니라 '나만의 시간'입니다. 그런데 좀처럼 그런 시간을 갖지 않지요. 심지어 자기 직전까지도 휴대폰을 들여다보며 고요히 존재할 틈을 주지 않습니다. 아침에 일어나자마자 휴대폰을 챙겨들고, 일상의 중간중간에도 놓치지 않고, 잠들 때조차도 머릿속을 시끄럽게 만듭니다. 사고가 고요해지는 시간을 주지 않고, 마음의 소리도 듣지 않는 거지요. 그게 위로든 조용한 용기든 아니면 삶 너머가 나를 부르는 소리든 말입니다. 끊임없이 다른 이들과 연결돼 있으려고 하면서, 외부 소음에 자신을 맡기고 남의 의견에 내 인생을 기댑니다. 마치 나중에 일이 잘되지 않았을 때 그 사람에게 핑계를 대려는 것 같이요. "거봐, 네가 그때 나한테 이렇게 하라고 했는데, 나 잘 안 됐잖아." 이렇게 나에게 면죄부를 주고 내 인생을 스스로 책임지지 않으려는 건 아닐까요?

나 자신에 대한
공부가 필요합니다

자기 안에 어떤 소리가 있는지를 알아야 합니다. 내가 의미있다고 생각하는 것, 내가 가치를 두는 것, 내가 좋아하는 것, 내가 즐거워하는 것. 이것을 알아야 합니다.

레오나르도 다빈치가 이런 말을 했습니다. "아는 것이 적으면 사랑하는 것이 적다." 사랑하려면 알아야 합니다. 그러니 여러분 자신을 사랑하기 위해서는 내 안에 있는 진짜 소리부터 만나야 합니다. 나에 대해 공부해야 합니다. 우리는 늘 뭔가를 암기하고 자격증을 따고 지식을 얻는 걸 공부라고 생각하는데, 사실 진짜 공부는 내 안에 무엇이 있는지를 깨닫고 배우는 것입니다. 공부도 인식의 전환이 필요합니다. 인식의 전환을 위해 강의도 듣고 책도 읽는 것입니다. 제가 드리는 이야기들도 여러분 안에 있는 소리를 꿈틀거리게 하기 위한 것입니다.

제가 그 소리를 처음 들은 것은 고등학교 1학년 때였습니다. 영화 〈미션〉에서 가브리엘 신부가 원주민의 신뢰를 얻기 위해 악기 오보에로 '가브리엘 오보에'를 연주하는 장면을 보았습니다. 오보에 특유의 부드럽고 아름다운 소리를 듣는데, 저는 태어나서 처음으로 '아름답다'는 게 뭔지 느꼈습니다. 음악은 자기 스스로 문을 열게 하는 힘이 있죠. 처음으로 '아, 나 음악을 하고 싶다'는 생각을 했습니다. 그리고 고등학교 2학년 때는 영화 〈시스터 액트〉에서 다시 마음이 멈추었습니다. 암울했던 교도원과 수녀원이 노래로 인해 변해가는 것을 보고 감동한 것이죠. 주인공 배우가 즐겁게 노래하는 장면은 아직도 눈앞에 생생합니다. '아, 저거다. 나는 저렇게 음악을 재미있게 하고 싶다. 가만히 앉아서 사람들이 꾸벅꾸벅 조는 음악이 아니라 저렇게 즐거운 음악을 해서 사람을 변화시키고 싶다.' 저는 그렇게 구체적으로 꿈을 꾸기 시작했고, 그 꿈이 지금 저를 이 자리에 있게 했습니다.

내 안의 목소리를 듣는 방법 중 하나는 멈추어보는 것입니다. 바쁘게 돌아가는 일상 속에서는 내 안의 목소리를 들을 기회가 없습니다. 인디언들은 말을 타고 달리다가 가끔씩 말을 멈춰 세우고 말에서 내려 지나온 길을 바라본다고 합니다. 자신이 너무 빨리 달려서 영혼이 미처 따라오지 못할까 봐 잠시 멈춰 기다리는 것이지요. 우리도 잠시 멈춰 내 영혼과 내 마음이 쫓아올 시간을 주어야 합니다.

가장 쉽고 좋은 방법은
산책입니다

저는 집 뒷산으로 산책 가는 것을 좋아합니다. 가면 동네 아주머니, 아저씨들이 나와서 열심히 운동을 하고 계십니다. 그분들의 건강한 기운을 느끼며 혼자 산책을 하는 시간이 저에게는 휴식과 충전의 시간입니다. 산책을 할 때는 혼자가 좋습니다. 산책은 한 걸음, 한 걸음 고요함 속으로 걸어 들어가는 것입니다. 휴대폰은 잠시 꺼두시고요. 우리가 국가의 막중한 임무를 띤 사람들도 아닌데 항상 휴대폰을 가지고 다닐 필요는 없습니다. 그러니 하루에 딱 20분만 혼자만의 산책을 하세요. 요즘 내가 하고 있는 일에 뭔가 찜찜한 부분이 있다면, 풀릴 듯 말 듯 일이 꼬여만 간다면, 그 사람과의 관계로 인해 마음이 계속 편치 않다면, 나 자신을 마주할 시간입니다. 내 안의 목소리를 들어야 할 시간입니다.

변 화 를 위 한 작 은 제 안

산책이 좋다는 것은 과학적으로도 검증되었습니다. 스탠포드 대학교의 메릴리 오페조Marily Oppezzo와 대니엘 슈워츠Daniel L. Schwartz 교수의 연구팀이 재미있는 실험을 했는데요. 걷기가 창의력을 높이는 데 도움이 되는지 알아보기 위해, 대학생과 연구 종사자 176명을 대상으로 창의력을 필요로 하는 문제를 앉아서 풀게 하고, 다시 러닝머신 위에서 가볍게 걸으며 풀게 했습니다. 연구 결과는 놀라웠습니다. 그냥 앉아 있을 때보다 걸을 때 창의적인 능력이 81퍼센트 이상 상승했습니다. 야외에서 걸으면 그 효과가 좀 더 높아졌고요. 실제로 헤겔이나 하이데거 같은 철학자들은 산책을 하며 영감을 얻었다고 하고, 애플의 스티브 잡스나 페이스북 최고 경영자인 마크 주커버그 같은 이들도 걸으면서 아이디어를 구상했다고 합니다. 걷는 것은 새로운 생각을 얻는 데 크게 도움을 줍니다.

이렇게나 좋은 산책, 돈도 들지 않습니다. 다만 제겐 산책의 룰이 있습니다.

혼자 갈 것.

휴대폰은 끌 것.

20분 이상 걸을 것.

꾸준히 할 것.

이것이 산책의 전부입니다.

나를 위한
노래

저는 심리학 전공자도 아니고 철학 전공자도 아니고 기타 다른 인문학을 전공하지도 않았습니다. 그래서 저는 강의 일을 시작하면서부터 제 정체성에 대해 고민을 많이 했습니다. '나는 뭐하는 사람이지?', '무슨 이야기를 하고 싶은 거지?' 그렇게 고민의 시간이 지나면서 제 이야기의 가장 큰 근원은 '음악'이라는 것을 알게 됐어요.

저는 음악 대학을 다닐 때 '어떻게 소리를 낼 것인가'를 가장 많이 고민했어요. 왜냐하면 정말 노래를 잘 부르는 성악가가 되고 싶었거든요. 처음부터 강사가 되려던 것은 아니었어요. 당시 저는 하고 싶은 일이 명확했습니다. 자신이 원하는 게 명확한 사람일수록 원하는 것이 이루어지지 않았을 때 받는 스트레스가 그만큼 큽니다. 그런 사람이 몸도 자주 아프고 병도 잘 걸립니다. 내가 원하는 대로 되지 않으면 몸이 화를 내거든요. 내가 원하는 지점이 딱 있는데 거기에 못 미치면 너무 화가 나고 다른 것은 안 보여요. 물론 그런 목표지향적인 사람이 남보다 조금 더 성과를 잘 내긴 합니다. 하지만 희한하게도 성과를 올렸다고 해서 반드시 삶의 질이 같이 올라가지는 않습니다. 성과도 나고 삶의 질도 동시에 높아지면 좋을 텐데 인생이 그렇지가 않습니다.

목소리를 찾는 과정

음악 대학에 입학하려면 먼저 레슨을 받아야 합니다. 저는 '레슨'이라는 단어를 군 제대 후 입시를 준비했던 스물셋에 처음 들었습니다. 그런데 누구에게 받아야 할지도 모르겠고, 수중에 돈도 없었습니다. 아는 동생이 음대에 들어갔다기에 무작정 찾아가 레슨 선생님을 소개해달라고 부탁했습니다. 그랬더니 학교에서 조교를 하는 선배를 소개해주더군요. 지금이라면 그 선배의 실력을 알아볼 수 있겠지만 그때는 그런 판단력이 전혀 없었습니다. 그냥 레슨을 받기 시작했는데, 선배는 제 소리가 너무 까불대는 소리라며 마치 헬륨 가스를 들이마신 것처럼 가볍다고 지적했습니다. 그 목소리로는 성악가가 될 수 없으니 성대를 내리고 입천장을 올려 소리를 내라고 가르쳐주었습니다. 그랬더니 레슨 한 번에 헬륨 가스를 마신 것 같던 제 목소리가 갑자기 '동굴 사운드'처럼 변한 거예요. 순간 저는 '아, 나는 성악을 위해 태어났구나! 나랑 너무 잘 맞는다!' 싶었죠.

전 선생님이 시키는 걸 열심히 하는 타입이었어요. 배움에 대한 목마름이 있었거든요. 살아오는 내내 어떻게 살아야 하는지를 몰라 방황했고, 누군가 나에게 가르침을 주면 그대로 따르려 노력했어요. 다른 친구들은 레슨 때만 성악 발성을 했는데 저는 레슨이 끝나도 노래할 때처럼 말했습니다. 평범하게 대화할 때도 중저음으로 목소리를 냈죠. 그랬더니 목소리도 바뀌더군요. 목소리를 성악하듯 인위적으로 내면서 얼굴 표정, 제스처도 모두 인위적으로 바뀌었어요.

그런데 이 조교 선생님이 자꾸 한국 가곡만 가르쳐주는 거예요. 음악 대학 입시는 이태리 노래와 독일 노래로 보는데 말이죠. 지금 생각해보니 사실 그 선배가 음대 입시를 잘 몰랐던 것 같아요. 반주를 해주던 친구가 보다 못했는지 저한테 말해주더군요. 한국 가곡으로 입시를 보는 곳은 없다고요. 그제서야 부랴부랴 지인을 통해 한 서울 소재 대학의 성악과에 다닌다는 형을 소개받고 무작정 서울로 올라갔습니다. 그리고 다시 레슨을 받기 시작했습니다.

내 소리를 찾지 못한 이유

음악 대학 입시를 보려면 테너를 할지 바리톤을 할지 베이스를 할지, 자기 파트를 정해야 합니다. 각각 음역대가 다르거든요. 저는 항상 성대를 낮춰서 소리를 눌러 냈어요. 그랬더니 그 형이 제 색깔은 완전 바리톤이라는 거예요. "넌 아직 고음이 정확하지 않으니 테너는 어렵고 차라리 바리톤을 해라" 해서 바리톤이 되어버린 거지요. 그래서 전 더 낮게 바리톤다운 소리를 내려고 했어요.

힘을 잔뜩 주고 노래를 부르니까 스물너댓 밖에 안 됐는데 중견 성악가 같은 소리가 났어요. 그냥 모르고 들으면 좋아 보일 수 있는 목소리지만, 인위적인 소리로 표현할 수 있는 노래에는 한계가 있습니다. 제가 무슨 노래를 불러도 항상 분노에 차고 격렬했어요. 가령 아름다운 연인에게 바치는 사랑의 세레나데를 부르면 분노와 배신의 노래가 돼버려요. 힘을 줘서 노래를 하면 서정적인 사랑 노래는 표현이 되지 않아요. 제가 사랑 노래를 부르는데 선생님이 "너 그러다 죽겠다" 하더군요. 거기다 대고 저는 되려 "선생님! 음악은 열정 아닙니까!" 하는 거죠.

계속 힘만 키우다 보니 고음도 찍어서 소리를 냈습니다. 분명 뭔가 소리는 났는데 듣는 사람들이 갸우뚱하는 거예요. 그래서 결론을 냈습니다. '아, 나는 사랑 노래와는 안 맞는다. 나는 분노 전문 성악가다.' 이태리 가곡 중에 〈무덤에 가까이 오지 마라Non T'accostare

All'urna〉라는 노래가 있어요. '너는 내 무덤가에 와서 꽃을 바치지 마라. 나는 네 슬픔마저 증오한다.' 이런 내용이에요. 그런 노래가 저와 너무 잘 맞는 거예요. 그래서 입시를 할 때 사랑 노래는 다 빼버렸죠.

한동안 그렇게 힘을 잔뜩 넣고 노래했어요. 그런데 대학에서 만난 은사님이 그러시는 거예요. "창옥이, 놓고 해, 놓고." 뭘 그렇게 잡고 있냐며 저한테 놓고 하라는 거예요. 그런데 저는 뭔가 보여주려고 서울에 올라왔잖아요. 부모 도움도 없이 신문 배달로 레슨비 겨우겨우 벌어 음대까지 갔잖아요. 앞으로 유학도 가고 싶고 하고 싶은 일도 많았어요. 그런데 혼자 해내야 했어요. 도와줄 사람은 아무도 없었죠. 여기서 내가 놓으면 죽는 것밖에 남지 않았다고 생각했어요. 그런 정신으로 서울까지 올라왔고 그 결심으로 대학에 들어갔는데, 제가 어떻게 놔요. 놓으라는 선생님께 저는 속으로 말했어요. '선생님은 가진 게 많으니까 그런 말씀을 하시는 거예요. 저에게 빨리 기술을 가르쳐주세요. 놓으라고 하지만 마시고요. 저는 뭔가 보여줘야 해요. 근데 왜 자꾸 놓으라고 하세요.'

자기 본연의 소리가 아닌 잔뜩 힘을 준 목소리로 사장 역할, 아빠 역할, 엄마 역할, 선생 역할을 하려는 사람들이 있습니다. 자기 색깔은 잃은 채 힘으로만 그 역할을 해내는 거죠. 그러면 아마도 가시적인 성과는 좀 낼 수 있을 거예요. 그런데 희한하게 따뜻한 관계 맺기, 마음을 나누고 공감하는 일 같은 건 잘 안 돼요. 외롭고 지치기만 하죠. 그러다 보면 나중에는 '아, 나는 그런 것과는 안 맞는구나' 생각하지요. 저처럼 말입니다.

힘을 빼야
인생도 쉬워집니다

자기의 소리를 찾으려면 두 가지가 필요합니다. 첫 번째는 좋은 선생을 만나는 것, 두 번째는 쓸데없는 힘을 버리는 것입니다. 저는 성악가가 되려고 성악가처럼 말했고, 바리톤이 되려고 바리톤처럼 말했어요. 그렇게 제 진짜 소리를 찾기도 전에 잃어버렸지요. 대학을 졸업하고도 성악 레슨을 10년쯤 받다 마침내 성악을 접었어요. 그땐 참 허무하고 슬펐습니다. 눈물이 쏟아졌죠. 그토록 원하던 걸 이루지 못한 허탈함에 실패자가 된 것 같았습니다. 그 마음이 2, 3년 지속되었던 것 같아요.

그런데 어느 날 강의가 끝나고 집으로 돌아가는 차 안에서 무심코 노래를 흥얼거렸어요.

'엄마가 섬그늘에 굴 따러 가면,
아기가 혼자 남아 집을 보다가
바다가 불러주는 자장 노래에

팔 베고 스르르르 잠이 듭니다.'

부드럽고 사랑이 가득 담긴 목소리가 나왔어요. 너무 좋아서 다시 부르면서 녹음도 했습니다. 그걸 반복해 들으며 또 한 번 행복했습니다.

전 항상 '소리' 위주였습니다. 내가 부를 수 있을 만한 노래를 했죠. 분노와 격정이 가득한 그런 노래들요. 그런데 거기에서 자유로워지면서 '내가 부르고 싶은 노래'를 불렀어요. 드디어 '놓고' 한 거죠. '놓고 하라'는 선생님의 말씀을 그제야 알게 됐습니다. 쓸데없는 힘을 빼자 노래를 부르면서 처음으로 내가 자유롭다는 느낌이 들었어요. 좋은 소리, 내 소리가 났어요. '그래, 이젠 나를 위해 노래하자.' 그러면서 내 소리가 점점 내가 보기에도 좋아졌어요. 마음에 들었습니다.

저는 그날 기쁨을 느꼈습니다. 고지를 점령했다는 느낌이 아니라 자유로워졌다는 기쁨. 내가 못하는 것을 인정하고 내가 할 수 있는 것으로 흘러갔다는 느낌이었어요. 예전에는 노래를 들으면 분석을 했습니다. 내가 부를 수 있을까? 어떻게 소리를 내는 걸까? 그런데 이제는 노래를 편하게 들을 수 있고, 또 내가 할 수 있는 것을 하게 됐어요. 쉽고 즐겁게 부를 수 있는 노래.

비록 작은 노래라 할지라도
비록 작은 성취라 할지라도

저에게는 그 소리가 셀프텔러였습니다. 세상이 요구하는 소리가 아닌, 다른 이가 원하는 소리가 아닌 나를 자유롭게 해주는 나의 소리. 어쩌면 이 사회가 최고라고 여기는 성과와는 무관할지도 모릅니다. 지금까지 추구해왔던 것과도 거리가 멀지 모릅니다. 저도 그랬습니다. 성악가로 유학도 가고 이름도 날리고 성공하길 바랐지만 지금은 전혀 예상하지 않았던 길을 걷고 있습니다.

여러분에게도 '나만의 소리'가 생겼으면 좋겠습니다. 저는 이 소리를 찾기까지 매우 길고 긴 고민의 시간을 보냈습니다. 자존심이 상할 때도 있었고, 스스로를 비하하기도 했습니다. 그러니 포기하지 말고 그 소리를 찾으세요. 그러면 아주 작은 노래를 부른다 하더라도 내 영혼이 꽤나 행복해할 것입니다. 나만의 소리를 찾으시고, 진정한 삶의 노래를 부르시길 진심으로 바랍니다.

내면의 소리에 반응을 하고 싶은데, 현실의 소리, 환경의 소리가 너무 크게 들려올 때가 있어요. 내면에서 뭔가 하고 싶은 것이 있는데 '네 나이가 몇인데', '너는 지방대 출신이잖아', '너는 집이 가난하잖아' 따위의 여러 가지 소리가 들립니다. 그런데 내 나이, 내 출신, 내 모습은 바꿀 수 없는 것들이에요. 바꿀 수 없는 무언가 때문에 내가 할 수 없다면 영원히 할 수 없는 것입니다. 그렇게 인생을 살다 가기에는 우리 인생이 너무도 소중합니다. 현실의 소리가 들려올 때 "그래, 그 말이 맞아. 그런데 말이야, 나는 내가 소중해." 이렇게 대꾸하세요. 내 인생에 연민의 마음을 가지세요. 그러면 그 부정적인 소리가 힘을 잃어요. "그래, 그 말이 맞다" 인정하는 순간 다른 곳에서 새 기운이 날 거예요. 현실의 바닥을 딛고 일어날 기운 말이에요.

제 목표는,
건강한 김창옥입니다

강의를 처음 시작할 때 제 강사료는 한 시간에 2만 원이었습니다. 가난했지만 힘들기보다 재미있었고 더 잘하고 싶다는 생각으로 가득했습니다. 물론 그 시기에 돈이 없었던 건 사실입니다. 반지하방에서 살았는데 화장실이 방 안에 없어 공동 화장실을 써야 했고, 에어컨도 없고 한겨울에도 난방을 하지 못했습니다. 어느 날 집으로 가는데 길가에 쓸 만한 소파가 버려진 걸 보았습니다. 이걸 가지고 가면 바닥의 냉기를 피할 수 있을 것 같았죠. 하지만 자존심은 세서 남들이 볼 때는 가져가고 싶지 않았습니다. 누가 가져갈까 봐 걱정은 되니까 주변을 계속 배회하다가 연기 연습을 하는 척 배달하는 사람 연기를 하면서, 꾸역꾸역 들고 갔어요. 그냥 걸어도 30분이 걸리는 거리인데 그걸 머리에 이고 걸어갔습니다. 지금 생각해도 참 고단한 날들이었지요.

내 이름으로 사는 것

그런 어려운 때를 지나오긴 했지만 저는 한 번도 강연으로 실패할 것이라는 생각은 하지 않았습니다. 스타강사가 되고자 했던 것은 아닙니다. 개인적으로 스타라는 말도 좋아하지 않고 강사라는 말도 좋아하지 않습니다. 저는 제가 '건강한 김창옥'이 되었으면 좋겠습니다. 지금 영화배우 일을 곁들여 하고 있지만 마찬가지로 유명한 배우가 되고 싶어서 하는 것이 아닙니다. 건강하고 재미있는 김창옥이 되고 싶어서 배우를 택한 거지, 유명해지고 싶어서 한게 아니었습니다. 그냥 김창옥이고 싶습니다. 정말 연기를 잘하는 배우들에게는 굳이 배우라는 수식어를 붙이지 않습니다. 그냥 송강호는 송강호, 최민식은 최민식이지요. 이미 그 사람 이름이 그 자체가 되어버린 것입니다. 저는 그걸 찾아가는 과정에 있는 것 같습니다. 제 이름이 되는 것.

이름은 일종의 기도이자 주문입니다. 부모가 아이의 이름을 지을 때, 그리고 어른이 되어서 자기 이름을 새로 짓고 싶을 때, 무언가 소망을 담아 짓습니다. 소망을 담아 이름을 짓고 그것을 계속 불러준다는 것은 기도한다는 의미입니다. 그러니 당신의 이름이 무엇이냐고 묻는 것은 당신의 소망을 묻는 것과 같습니다.
당신의 이름은 무엇인가요?

당신은 무엇을 소망하나요?

예전에 어떤 사람이 저한테 묻더군요. 제 묘비에 뭐라고 써져 있기를 바라느냐고요. 그래서 저는 이렇게 대답했습니다. '사람들과 함께 웃고 사람들과 함께 울었던 김창옥, 여기에 잠들다.' 사람들을 웃겼고, 울렸던 김창옥이 아니라 같이 웃었고, 같이 울었던 김창옥. 그러니 제 이름은 '함께 웃고'와 '함께 울고'입니다. 그것이 저의 소망입니다.

우리의 소망이 원하는 대로 꼭 이루어지는 것은 아닙니다. 그런데 우리가 원하고 바라지도 않았는데 이루어지는 경우는 아예 없습니다. 자, 어디에 승부수를 거시겠습니까? 원하고 기도하고 소망하고 이름을 부르고, 그렇게 애를 써도 되지 않을 수 있습니다. 그런데 당신의 이름도, 소망도, 기도도 없다면 안 될 확률은 98퍼센트에 가깝습니다.

나의 본질을 지켜내십시오

제가 변한 것처럼 저도 누군가에게 변화의 에너지를 전해주고 싶습니다. 그래서 강연을 처음 시작했을 때 경제적으로 힘들어도 괴롭지 않았습니다. 오히려 힘들어진 것은 강연이 잘되고 조금씩 유명해지기 시작한 이후였습니다. 내 본질에 대한 사랑이 떨어지니 힘에 부치기 시작했습니다. 누구나에게 자신의 길을 가는 본질이 있습니다. 본질을 지키지 못하면 계속해서 비본질적인 것들이 나를 침범합니다. '유튜브 영상의 조회 수가 줄어든다', '인기가 떨어진다' 등등, 본질의 근본적인 힘이 없으면 이런 것들이 내 안으로 깊이 들어와 나를 좀먹기 시작합니다.

사실 대부분의 사람들은 '최고'가 되지 못하고 '보통'으로 살아갑니다. 그럼 우리의 삶이 가치가 없어지는 걸까요? 아니요. 최고가 아니어도 우리 인생은 매우 소중합니다. 내가 애초에 생각한 그것이 아니더라도 인생에는 아주 여러 방향의 가치들이 존재합니다. 그러니 너무 고집부리지 마십시오. 미련을 가지고 욕심을 부리면서 세상이 좋다고 여기는 가치, 남 보기에 좋아 보이는 가치를 놓지 않으려고 끙끙대면 그다음으로 갈 수 없습니다.

저는 확신합니다. 단지 신을 믿는다 해서 신이 모든 것을 해주지는 않습니다. 그 사람이 신을 섬기는 삶을 살지 않는다면 말이지요. 인생을 고집과 욕심에 저당잡히기보다는 시간이 걸리더라도 끈질기게 나의 본질과 사랑, 나의 신을 찾아가는 것이 좋습니다. 그렇게 내 이름을 지켜내십시오.

좀 이기적으로 살기로 합시다.

제가 연기에 도전하는 이유는 성악을 했던 이유와 똑같습니다. 세상에 좋은 작품을 남기고 싶다기보다는 스스로가 즐겁고 몸으로 부딪쳐 깨닫고 싶기 때문입니다. 다른 방송을 다양하게 시도해보는 이유도 나의 다른 모습을 확인하고 싶어서입니다.

강연에서 쓸 수 있는 감정선은 일정하고 고정돼 있습니다. 즐겁고 따뜻하게 마음을 나누며 공감하는 것이지요. 때로는 진심이고 때로는 필요에 의해 쓰는 감정들입니다. 그런데 제게는 다른 색도 많습니다. 언젠간 그 색이 밖으로 나와야 한다고 생각해요. 저를 위해서요. 나 자신만을 위해서 이기적으로 선택한 활동이 연기입니다. 강연에만 시간을 할애하기에도 버거운 일정이지만 이기적으로 내게 연기할 시간을 줍니다.

랍비 힐렐이 이런 말을 했습니다. "내가 나를 위하지 않으면 누가 나를 위해줄 것인가? 지금 하지 않으면 언제 할 날이 있겠는가?"

여러분도 기회가 되면 좀 더 이기적으로 살았으면 좋겠습니다. 아니, 기회를 만드셔서 꼭 이기적으로 사십시오. '이기利己'라는 게 '자기 자신을 이롭게 한다'는 뜻인데, 사람들은 이기적으로 살면 안 된다고, 나쁘다고만 생각하는 것 같습니다. 이 기적으로 산다고 세상이 파괴되는 건 아닙니다. 가끔은 내가 편한 대로, 내가 하고 싶은 대로 해도 세상에 그렇게 큰 무리가 가지 않습니다. 제가 연기를 한다고 세상이 파괴되진 않듯이 말이죠.

여러분도 남의 눈치 보느라 평생을 억울하게 살지 않았으면 좋겠습니다. 조금은 이기적으로 사셨으면 좋겠습니다. 전 언젠가는 꼭 스크린에 나오는 지금과는 '같지만 다른' 새로운 제 모습을 보고 싶고, 꼭 그럴 것입니다.

삶의 지진을
기회로 바꾸는 사람

　사람은 과거의 경험으로 살아갑니다. 마음만 먹으면 바꿀 수 있다고 하지만 쉽지 않습니다. 마음을 먹기 위해서는 마음의 힘이 필요하기 때문입니다.

　살면 살수록 알게 되는 사실은, 모든 인간관계를 깨트리거나 좋아지게 만드는 핵심이 '언어'라는 것입니다. 어떤 언어를 쓰느냐에 따라 우리의 운명이 달라집니다. 우리는 윗세대로부터 언어를 물려 받는데, 제가 만났던 분들 중 한 70퍼센트 정도는 자기 부모와 선배에게 좋은 언어를 받지 못했다고 말합니다. 그럼 어떻게 해야 할까요?

삶에 지진이 찾아왔을 때

감사하게도, 인생엔 다시 태어날 기회가 있습니다. 가끔 이렇게 말하는 사람이 있습니다.

"그 사건 이후로 난 예전의 내가 아니야."

우리는 '다시 태어나기' 위해서 몇 가지 선택을 합니다. 이사를 가거나 이직을 하거나 이민을 가기도 합니다. 새로운 곳에서 새로운 시작을 하는 거지요. 최근에는 개명도 많이 합니다. 저희 형 식구들은 전부 개명을 했습니다. 처음에는 솔직히 '형이 이제 환갑인데 앞으로 얼마나 살겠다고 이름을 바꾸나' 했습니다. 하지만 이내 얼마나 고민이 많았을까 하는 생각이 들었습니다. '인생이 왜 이렇게 안 풀릴까. 우리 애들은 앞으로 살날도 많은데. 이름이라도 바꾸면 좀 낫지 않을까' 그런 마음이 있었겠죠. 이렇게 사람들은 다시 태어나고 싶어서 이름도 바꾸고, 이민도 가고, 결혼이나 이혼을 합니다.

제 부모는 막일을 하셨기 때문에 일감이 있으면 얼른 해야 했습니다. 저도 거기에 영향을 받아 일이 들어오면 쉬지 않고 했습니다. 사실 제가 일용직 노동자거든요. 월급쟁이가 아닙니다. 그러다 보니 기본적으로 제 안에는 항상 불안감이 깔려 있었습니다. 일이 없으면 돈도 없거든요. 모아둔 돈이 어마어마한 것도 아니고, 또 강사로 언제까지 강의를 할 수 있을까 하는 초조함이 있었습니다. 그래서 십수 년간 일이 들어오는 대로 계속 했어요. 일이 없는 날이 쉬는 날이었죠.

그러다 작년부터 한 달에 3주만 일하기로 했습니다. 매주 수요일은 일을 하지 않고 3주를 주말까지 채워 일한 다음에 한 주를 통으로 쉬었습니다. 그래서 생긴 여유 시간에 일본을 다녀왔습니다. 빈티지 옷을 사러 갔는데 너무 좋았어요. 맛있는 것도 먹고 옷도 샀습니다. 근데 그날 실시간 검색어 1위가 뭐였는지 아세요? 일본 지진이었어요. 제가 동경에 간 딱 그날 지진이 일어난 거예요. 태어나서 처음으로 지진을 겪어봤습니다. 단독주택에 묵었는데 갑자기 건물 전체가 흔들렸습니다. 정말 놀랐습니다. 어느 정도 정신을 차리고 나서 두 사람에게 연락을 했어요. 그중 한 분이 제 강의 〈포프리쇼〉를 후원하는 '포프리'의 사장님이었어요. 곧 답장이 오더라고요. "로또보다 더 어려운 지진 체험, 축하해요."

어느 날 삶에 로또보다 어려운 확률의 지진이 찾아올 때가 있습니다. 내 삶에 일어날 거라고 생각지 못했던 지진. 여러분, 지진을 경험하면 어떤 줄 아세요? 처음에는 개념이 없습니다. 이게 뭔지를 모릅니다. 판단을 할 수가 없어요. '죽는구나' 하는 생각도 없고 그냥 패닉이 옵니다. 정신체계의 붕괴. 순간 머릿속의 모든 것이 사라지더라고요. 그리고 두 번째 강력하게 찾아오는 건 태어나서 한 번도 들어보지 못한 거대한 소리였습니다. 무언가가 무너져 내리는 어마어마한 소리였어요.

삶에도 지진이 일어날 때 들리는 소리가 있습니다. 외부에서 들리는 심한 비난이나 욕설은 시간이 지나면 잠잠해지기 마련입니다. 그런데 그 소리가 내면으로 들어와서 계속 맴도는 거예요. 감당할 수 없이 커진 그 소리가 삶을 마구 뒤흔듭니다.

제2의 모국어를 배우십시오

지진은 건물을 지탱하고 있는 기반이 흔들리는 것이죠. 인생에서 절대 흔들리면 안 되는 것들. 절대 흔들리지 않을 거라고 생각했던 것들. 우리가 철썩 같이 믿고 있던 사람이나 신념이 있거든요. 또는 누구든 절대 건드리지 않았으면 하는 것, '이것이 무너진다면 내 삶이 무너질 거야' 하는 것, 그게 흔들리는 게 삶의 지진입니다. 누군가에겐 그게 직장일수도, 재산일수도, 가족일 수도, 친구일 수도 있습니다.

지진은 모든 것을 무너트리지만, 동시에 모든 것을 새롭게 만듭니다. 내가 절대로 흔들리지 않을 것이라 믿었던 것들이 흔들리면 마음이 부들부들 연해지기도 합니다. 그때 듣게 되는 언어가 제2의 모국어가 됩니다. 그러니 지진을 겪은 나 자신에게 내가 해주는 말이 중요합니다. "난 절대 믿을 수 없어! 내 삶에 그런 일은 없어!" 자신의 건물이 지나치게 견고하다고 믿어버린다면, 삶에 지진이 찾아올 때 그 건물에 깔려버릴 수 있습니다. '그럴 수도 있다'라는 유연한 내면 세계는, 내진 설계가 잘된 건물처럼 삶이 흔들려도 잘 지나갈 수 있는 마음의 집이 됩니다. 열쇠는 우리 자신 안에 있습니다. 삶의 지진이 찾아왔을 때 자신에게 "로또보다 더 어려운 지진 체험, 축하한다"고 말해주십시오. 그러면 지진 이후의 삶이 새로워집니다.

변화를 위한 작은 제안

지진은 기회가 되기도 하지만 자주 있으면 안 되겠죠. 하늘과 땅이 뒤집히는 일은 사실 적을수록 좋습니다. 그런데 자꾸 삶에 지진이 찾아온다면 어떻게 해야 할까요?

앞에서 어떤 현상이 반복되어 나에게 찾아오면 그것은 삶이 우리에게 주는 사인일 수 있다는 이야기를 했습니다. 어떤 일이 자꾸 우리에게 벌어진다면, 연인과 헤어질 때도 비슷한 일로 헤어진다면, 직장 동료와 싸울 때 자꾸 비슷한 일로 싸운다면, 그런 일이 계속 반복된다면, 그건 나에게 운이 없어서가 아니라 그 부분을 심각하게 다시 생각해봐야 한다는 삶의 사인입니다.

신은 인간이 알게 될 때까지 반복해서 사인을 보낸다고 했습니다. 큰 지진이 일어나기에 앞서 일어나는 작은 지진들을 전진前震이라고 합니다. 전진이 있을 때 깨어 알아채고 대비한다면 삶의 큰 지진을 잘 비껴갈 수 있습니다.

가치우선순위를
정하라

저는 가끔 NGO 단체와 함께 아프리카에 가서 봉사활동을 합니다. 밝히기 부끄럽기도 하지만 전 오른손이 한 일은 왼손도 알아야 한다는 주의거든요. 그래서 강연에서도 말씀드리는 편입니다. 여러분도 기회 되면 하시라는 취지지요.

얼마 전에도 아프리카에 다녀왔는데 아부다비를 경유했습니다. 그때 탔던 비행기가 아랍 항공사인데 눈에 띄는 것이 있었습니다. 비행기 좌석엔 모니터가 달려 있어 영화도 볼 수 있고 지금 현재 비행 위치를 확인할 수도 있지요. 그런데 비행 정보를 알려주는 화면에 특이한 아이콘이 있었습니다. 가만 보니 이슬람교 성지인 메카가 어디에 있는지를 알려주는 표시더군요. 메카가 어디에 있는지 방향을 알려주고 현재 위치에서 메카와의 거리를 알려주고 있었습니다. 이슬람교도는 하루에 다섯 번 메카를 향해 기도하기 때문이었습니다.

사람마다
자기의 메카가 있습니다

메카란 자기의 신이 있는 곳, 풀어서 말하면 내가 신처럼 인정하고 존중하고 믿는 나의 가치가 있는 곳입니다. 그곳이 바로 나의 성지인 것 같습니다. 저는 지금 특정 종교에 대해 말하는 것이 아니라 우리 삶에 필요한 마음을 말하는 것입니다. 내가 어디에 있든지 내가 나를 낮춰 절을 하고 삶의 기준으로 삼는 가치 말입니다.

그런데 절은 내 무릎을 꺾어 바닥에 엎드리는 행위입니다. 다시 말해 내가 나의 중심을 생각하고 그 중심에서 내가 어디에 있는지 계속 살피며 기도한다는 것은, 자신의 관절을 꺾어서 바친다는 뜻입니다. 돈일 수도 있고 시간일 수도 있고 관심일 수도 있습니다. 그렇게 무언가를 바치지 않고서는 절을 할 수 없는 법입니다.

여러분은 자기만의 성소聖所가 있나요? 내 인생의 중심, 내 마음의 중심이라고 생각하는 것, 내가 지키고 싶은 무언가가 있나요? 만약 그런 성소가 있다면 내가 삼십 대이든, 사십 대이든, 내가 회사에 있든 가정에 있든 그 어느 곳에 있든 계속 나와 성소와의 거리와 위치를 확인하십시오. 실제로 우리는 인생을 살면서 어떤 선택을 할 때 내 마음의 중심을 기준으로 결정하지 않을 때가 많습니다. 대부분 현실을 기준으로 선택을 하지요. 지금은 나이가 어리니까, 또는 나이가 많으니까, 돈이 없으니까, 현실적으로 이게 유리하니까 등등 상황을 뛰어넘지 못할 때가 많습니다.

나만의 성소가 있다면 내 인생을 던질 만큼 괜찮은 성소인지도 확인해봐야 합니다. 사실 그간 저에게 많은 지인들이 추천해준 일이 있었습니다. 자동차 영업을 한번 해봐라, 생명보험 영업을 해봐라, 헤어 디자이너는 어떠냐. 제가 그 일들을 하지 않았던 이유는 그 일이 무의미해서가 아니라, 재미와 의미를 느끼지 못했기 때문입니다. 결국 메카를 향해서 절을 하는 것은 내가 가치를 느낀다는 것이고, 그것은 곧 나를 두근거리게 하는 재미가 있다는 말이거든요. 무언가에 집중하면 재미있어지고, 재미있어지면 다시 집중하게 됩니다. 다섯 살배기 아이들이 엄청나게 어려운 공룡 이름들을 박사처럼 달달 외울 수 있는 것과 같은 원리입니다. 그 아이들이 공룡을 멋지다, 가치 있다 여기는 것이고 그렇기 때문에 그 어려운 것들을 집중해 파고들 수 있는 힘이 생기는 것입니다.

저는 제 일을 할 때 피가 돌고 살아 있는 느낌이 듭니다. 지금의 이 업을 하기를 잘 했다고 생각합니다. 이 성소를 내 마음의 중심으로 삼고 그것을 향해 계속 절하는 중입니다.

당신이 무릎 꿇는
최종 가치는 무엇인가요?

사람은 누구나 최종적으로 섬기는 가치가 있습니다. 그게 돈일 수도 기업의 성공일 수도 있겠지요. 만약 당신의 최우선적인 가치가 성공이라면 그 과정에서 사람들이 상처를 받든 말든 가치를 향해 가면 됩니다. 그게 맞는지 틀리는지를 이야기하고 싶지 않습니다. 그렇게 해서 성장한 국가가 있고 기업도 있습니다. 성공이 누군가의 신이라면 그렇게 하는 게 맞다는 것이죠.

그러나 저는 성공을 신으로 섬기고 싶지는 않습니다. 그러면 안된다고 누군가 자꾸 저에게 이야기하는 것 같아요. 성공이 최고의 신이라면, 그 신에게 대가를 지불해야 합니다. 성공에 맞춰서 인생을 풀 세팅합니다. 패셔니스타가 신발 하나에 맞춰서 나머지 옷을 세팅하듯이 말입니다. 그 신이 이사 가지 말라고 하면 안 가고, 그 신이 그 사람 만나지 말라고 한다면 관계가 깨져도 돌아보지 않고, 누군가의 마음을 상하게 한다고 해도 괘념치 않고 그 신을 섬기는 것입니다.

우리는 계속 자신의 최고신을 섬길 것입니다. 그리고 그 신의 보호를 받거나 그 신에게 배신을 당할 것입니다. 마음속으로 한번 생각해보시면 좋을 것 같습니다. 당신은 누구이고, 당신이 섬기는 신이 누구인지를 말입니다. 나는 왜 이 회사를 선택했는지, 왜 이 일을 선택했는지, 나는 어떤 것을 향해 가고 싶은지, 나의 최종적 가치가 돈인지 성장인지, 행복인지, 한번 생각해보십시오. 무엇이 정답이냐의 문제가 아니라 당신의 신이 무엇인지를 곰곰이 생각해보는 것입니다. 내가 마지막으로 무릎 꿇는 가치가 무엇인지를.

변화를 위한 작은 제안 ◌

내가 가장 우선시하는 가치가 무엇인지 '가치우선순위'를 매겨보십시오. 판단하는 기준은 그 가치를 생각하면 가슴이 두근두근 뛰고, 없던 에너지도 불쑥불쑥 생기는지의 여부입니다. 이걸 내가 제일 중요하게 여겨야 되겠다는 '생각'이 아니라, 셀프텔러의 목소리에 귀 기울여 정합니다. 마음이 소란스러울 때 결정하지 마세요. 산책 같은 고요한 시간 속에서 결정하면 더 정확하게 판단할 수 있습니다.

나의 인식과 경험의 축적에 따라 우선시하는 가치가 달라질 수도 있습니다. 일단 현재의 내 마음을 살핍니다. 이렇게 한번 정리하면, 내 삶의 중심이 어딘지 알게 되고 삶이 훨씬 쉬워집니다. 제가 아는 어떤 분은 매년 1월 1일이면 가치우선순위를 점검하고 상위 다섯 개의 가치를 크게 프린트해 집과 일터에 붙여놓는다고 합니다. 휴대폰 배경화면으로 지정해도 좋고, 다

이어리를 쓴다면 맨 앞장에 적어놓는 것도 늘 나의 중심을 확인하는 좋은 방법이 될 것입니다.

○ 가치우선순위표

가치 목록	나의 우선순위
가족우애	1.
감사	2.
건강	3.
겸손	4.
경제적 안정	5.
모험	6.
배움	7.
봉사	8.
사랑	9.
사회발전	10.
안정	11.
열정	12.
영성	13.
자유	14.
정직	15.
지성	16.
창조	17.
최고가 되는 것	18.
투자와 확장	19.
행복	20.

당신은 어떤 색의
사람입니까?

　사람이 스트레스를 받는 경우는 크게 세 가지입니다. 첫째, 자기가 원하는 것을 하지 못할 때입니다. 여러분은 올해 소망했던 것이 있나요? 그것을 잘 이루셨나요? 둘째, 원하지 않는 것을 반복해서 해야 할 때입니다. 이건 앞선 경우보다 스트레스 강도가 더 심합니다. 정년퇴임 한 직장인들도 보통 "나는 직장생활하고 정말 안 맞아"라고 합니다. 30년 넘게 직장생활을 했는데 말이지요. 마지막으로 나이는 들었는데 내가 뭘 원하는지 모를 때 스트레스를 받습니다. 이때는 인간을 허무하게 만드는 우울감까지 동반합니다.

　사람은 자기가 진정으로 원하는 땅에 도달했을 때 비로소 안식을 얻습니다. 그런데 그곳이 어딘지, 내가 무엇을 원하는지 모를 때 큰 스트레스를 받습니다. 그 대상은 물건에서부터 장소, 공간, 사람까지 모두 적용됩니다.

내가 진짜로 원하는 것들

저는 빈티지 옷을 좋아해 아는 동생과 작은 빈티지 옷가게를 시작했습니다. 최근에 일본에서 30년 된 리바이스 바지와 니트를 떼어왔는데, 옛날에는 건물마다 난방 시설이 잘 갖춰지지 않아서 대부분의 옷이 두꺼웠다고 합니다. 요즘은 실내가 따뜻하고 차에서 차로 이동하는 일이 많으니 직물이 얇아요. 그런데 저는 요즘 옷보다 옛날 옷의 두꺼운 직조감을 선호합니다. 이 일을 하다 보니 제가 어떤 걸 좋아하는지 알게 된 것이죠. 그렇다고 비싸지도 않습니다. 이런 옷을 발견하는 순간 기분이 정말 좋습니다.

갑자기 웬 옷 이야기를 하냐고요? 예전에 저는 유행하는 브랜드나 명품 위주로 옷을 샀습니다. 내가 중심이 아니라 남들 눈이 먼저였던 것이지요. 예전에는 제가 그런 걸 좋아하는 줄 알았습니다. 그런데 정작 사놓고 보니 그런 옷에는 손이 잘 가지 않았습니다. 자기가 원하는 물건을 알아내고, 자기가 원하는 장소를 알아내고, 자기가 원하는 사람을 알아내고, 자기가 원하는 일을 알아내는 것처럼 중요한 건 세상에 없는 것 같습니다.

우리 민족을 흔히 백의민족이라고 부릅니다. 왜 그런 이름을 갖게 되었을까요? 신분을 가진 자들이 본인들만 쓸 수 있는 색을 정해놓았던 시대가 있었던 거지요. 왕만 입을 수 있는 색, 사대부가 입을 수 있는 색을 정해놓았던 것입니다. 당시엔 신분사회였으니

옷만 봐도 어느 계급인지를 알 수 있었던 거죠. 흔히 말해서 권력을 가진 사람만 색을 가지고 있고 나머지 사람들은 백의민족으로 만들어버렸습니다. 권력이 없는 자, 자신이 누구인지 중요하지 않은 자에게는 색을 주지 않았습니다.

나만의 색을 찾으십시오

하지만 억압되어 색이 없던 사람들은 점점 자기 색을 찾고 싶어 했습니다. 점차 자기의 색을 드러내기 시작합니다. 나의 색을 알고 그것을 드러내는 것, 굉장히 중요한 일입니다. 저처럼 어떤 색깔, 어떤 질감, 어떤 스토리를 가진 옷을 좋아하는지 알아야 합니다. 그래야 인생이 황혼기에 접어들 무렵 헛살았다는 허무함과 우울감에 빠져 분노하지 않게 됩니다.

색이 없던 사람들이 주체적으로 색을 찾아갈 때 다른 문제가 생기기도 합니다. 색과 색이 연합하기 어렵기 때문입니다. 예전에는 흰색뿐이라 서로가 하나였는데, 이제는 나의 색과 너의 색이 따로 있어서 함께 설 수 없는 경우도 발생하고, 색과 색이 충돌해 갈등 상황이 생기기도 합니다. 혼자만 강렬한 색을 가지고 주변 사람은 백의민족으로 남아 있기를 바라는 사람도 있습니다. 반대로 강렬한 색 옆에서 흰색으로 남아 있는 것을 편안하게 생각하는 사람도 있습니다.

저는 따뜻한 색을 가진 사람이 되고 싶습니다. 둥글둥글한데, 가득 차 있고 싶기도 합니다. 내 색깔로 가득 차되 다른 이들의 색과도 잘 어울리는 그런 사람, 그런 원만한 사람이 되는 것이 우리의 인생의 목표로 삼을 만한 좋은 지점이지 않을까요.

나를 움직이게 하는
바람

'구름은 바람 없이 움직일 수 없나니
사람을 움직이게 하는 것은 무엇인가.'

한 순댓국집 벽에 걸려 있던 문구입니다. 물어보니 사장님이 직접 글씨를 써서 붙여놓으셨답니다. 구름이 바람 없이는 움직일 수 없는 것처럼, 사람을 움직이게 하는 것은 무엇일까요?

사람의 몸은 쉽게 움직여지지 않고, 그렇게 잘 변하지도 않습니다. 마치 구름 같은 존재입니다. 오직 바람만이 구름을 움직이게 하듯이 물리적으로 사람의 몸을 움직이게 하려면 어떤 '바람'이 필요합니다. 무언가 우리를 향해 훅 불어와야 움직이게 되지요. 바람이 우리 몸을 일으켜 세우고 한 발 내딛게 할 때, 우리 인생이 움직입니다.

사람을 움직이게 하는 것,
그것은 '사랑'입니다

구름은 바람으로 움직이고, 사람은 사랑으로 움직입니다. 인간은 자기가 사랑하는 것이 있을 때나 사랑받을 때 움직입니다. 사랑한다는 건 다른 말로 하면 내가 관심 있다는 말입니다. 그래서 움직일 수 있는 것입니다. 사랑하니 관심이 가고 더 알기 위해 기꺼이 내 몸을 움직이는 거죠. 반대로 관심을 가지다 보니 자꾸 들여다보고, 결국 사랑하게 되는 것이고요.

내가 사랑하는 게 무엇인지 알고 싶으면 내가 무엇에 자꾸 관심을 갖는가, 무얼 자꾸 반복하는가를 살피면 됩니다. 전 자동차를 굉장히 좋아해서 포털 사이트 메인 화면에 '자동차' 카테고리를 즐겨찾기로 지정해놓았습니다. 연예인이나 맛집은 아예 관심이 없어서 보지 않고, 자동차, 영화, 좋은 장소, 동물 등의 카테고리를 관심 있게 봅니다.

차를 좋아하다 보니 차에 대해 조금씩 알게 되었습니다. 자동차의 구동 원리는 굉장히 간단합니다. 자동차의 바퀴는 전륜과 후륜, 사륜으로 구동됩니다. 전륜 구동은 엔진의 힘을 앞바퀴에 줘서 주행하도록 만든 것이고 후륜 구동은 뒷바퀴에 동력을 전달하는 방식입니다. 사륜은 엔진의 동력을 앞뒤 네 바퀴 모두에 전달합니다.

전륜 구동과 후륜 구동, 사륜 구동이 다 나름의 특성이 있습니다.

언덕길이 많은 강남에서는 눈 내린 겨울에 고급 독일차가 낮은 언덕에서조차 헛바퀴 돌다가 사고가 많이 납니다. 국산차들은 지나가면서 '저거 봐. 비싼 차 탈 필요 없다니까' 하며 자기 위안을 합니다. 국산차 대부분은 전륜이거든요. 순간가속도가 좋고 승차감이 뛰어난 후륜을 쓰는 건 대부분 중대형차와 고급차입니다. 전륜과 후륜을 쉽게 설명하면, 전륜은 사람이 리어카를 끄는데 리어카를 뒤에 두고 사람이 앞에 서서 끌고 가는 것입니다. 앞사람이 힘을 줘서 가니 잘 미끄러지지 않습니다. 그런데 후륜은 리어카를 앞에 두고 뒤에서 사람이 미는 거예요. 앞바퀴에 힘이 들어 있지 않으니 언덕인 데다가 눈길이면 바퀴가 헛돌아버리는 거죠.

사랑의 에너지와
결핍의 에너지

저는 인생도 차와 같다고 생각합니다. 인생도 전륜인 사람이 있고 후륜인 사람이 있습니다. 전륜은 사랑받는 인생, 앞에서 끌고 나가는 인생이에요. 내가 뭔가를 사랑할 때, 누군가 나를 깊이 사랑해줄 때 앞에서 나를 끌어주는 힘이 생깁니다. '나'라는 존재 자체로 사랑받았던 사람은, 전륜 구동 자동차처럼 그 에너지가 인생을 끌어줍니다.

하지만 사랑과 지지를 많이 받지 못한 사람도 있습니다. 저 또한 그랬어요. 나를 움직이게 하고, 나를 말하게 하는 것이 무엇인가 봤더니 사랑은 아니었어요. 저는 결핍의 에너지가 많았습니다. 아버지에 대한 결핍, 친밀하고 따뜻한 가정에 대한 결핍, 가난으로 생긴 결핍, 그리고 인생 길목 곳곳에서 상처받았던 자존심….

세상 한쪽에는 사랑과 응원이 있고, 한쪽에는 결핍이 있습니다. 투수가 야구장에 섰을 때, 사람들이 응원을 보낼 때가 있고 야유를 퍼부을 때가 있어요. 그런데 관객이 야유를 퍼부으면 "좋아, 내가 본때를 보여주겠어" 하는 선수가 있고, "오늘은 안 되겠다" 하는 선수가 있습니다. 사랑받을 때 에너지가 나오는 사람이 있는 것에 반해, 야유를 받고 궁핍하고 결핍될 때 에너지가 생기기도 합니다. 저는 '그래, 내가 그 어려움 속에서도 살아남았는데 지금 여기서 못할 게 뭐 있어' 하는 오기로 움직입니다. 그 밑바닥 에너지를 끌어올려 저라는 사람을 움직이게 합니다. 결핍의 에너지가 오히려 긍정적으로 작용한 셈입니다.

저처럼 결핍의 에너지를 쓰는 사람은 사업이 잘될 수도 있고, 어려운 시험에 합격할 수도 있고, 낯선 땅으로 이민을 가서 초반 적응을 잘 해낼 수도 있습니다. 세계적으로 많은 부를 축적한 사람들을 보면 결핍을 에너지로 만든 사람들이 대부분입니다. 유대인이나 월남하신 분들 중에 큰 부자가 많지요. 극한의 상황을 겪은 뒤의 결핍과 열등감에 있었기에 그것을 에너지원으로 발판 삼아 일어난 것입니다. 시련으로부터 벗어나고 극복하려는 욕구와 의지, 저항력도 엄청나게 강합니다. 저는 나중에서야 그 헝그리 정신, 결핍의 바람이 저를 움직이게 했다는 걸 알았어요. 제가 소통에 대한 이야기를 오랫동안 해온 가장 큰 이유도, 스스로 불통인 상태로 오래 살았고 지금도 제게 불통이 남아 있기 때문이라고 생각합니다.

물론 결핍이 그저 결핍으로만 남는다면, 차가 빙판길에서 미끄러져 순식간에 돌아버리듯 인생도 위험천만하게 확 돌아버릴지 모릅니다. 큰 사고가 나는 것이죠. 하지만 결핍이 채워지고 긍정적인 에너지로 전환되면 후륜만이 아니라 전륜에도 에너지가 돌아 사륜 구동이 될 수 있습니다.

나의 에너지의 근원은 무엇인가?

여러분은 무엇의 에너지로 여기까지 오셨나요? '나는 전륜으로 여기까지 왔나, 후륜으로 여기까지 왔나.' 한번 돌아보십시오. 깔끔하게 인생을 사는 사람은 많지 않아요. 아무 짐도 없고, 아무 불편함도 없고, 온전히 편안해지는 것은 저희 어머니 말씀에 따르면 죽을 때밖에 없다고 합니다. 인간은 죽기 전까지 각종 불편함과 짜증나는 일, 나를 얽매는 올무를 숙명처럼 짊어지고 가야 합니다. 때로는 나 자신이 그물에 걸린 새 같다고 느껴지기도 합니다. 그런데 그것을 없애려 하다 보면 더 그물에 걸리게 됩니다. 그러니 그 결 핍을 어떻게 에너지로 만들어서 사륜이 될 것인지를 생각해보세 요. 전륜과 후륜이 모두 구동되어 인생의 웬만한 일에는 미끄러지 지 않으면 좋겠습니다.

2장

셀프케어

나를 인정하라

셀프케어 Self-care

자기 스스로를 돌보는 것

우리는 부모로부터 독립하여 어른이 되었습니다.

그러니 스스로를 돌봐주어야 합니다.

그것이 '셀프케어'입니다.

그런데 케어를 매니지먼트management와 착각하는

사람들이 있습니다. 나를 돌보는 것은 나를 관리하는 것과

거의 반대의 개념입니다. 관리는 "이렇게 하면 안 돼. 저렇게 해!",

"여기가 부족하니 당장 채워!" 하는 감독 역할에 가깝습니다.

관리도 나에게 관심과 애정을 가져야 가능한 것이지만,

우리에게 필요한 것은 그저 '바라봐주는 것'입니다.

애정보다 더 깊은 연민으로 나를 안아주는 것입니다.

내 안의 아이를
돌보는 일

어린아이들은 툭하면 웁니다. 마음만 먹으면 언제든 눈물을 쏟아내는 능력이 있지요. 하지만 한 살 한 살 자랄수록 우는 일이 적어지고 그렇게 어른이 됐다고 생각합니다. 최근에 언제 울어보셨나요? 무거운 것을 떨어뜨려 발등 찍혀 운 것 말고, 마음이 울고 싶어서 울었던 적이 언제인가요?

모든 사람은 아이였습니다. 그리고 어른이 되었죠. 왜인지 어른의 기준이 이렇게 돼버린 것 같아요. "나 이제 안 울어. 나 이제 웬만한 일에는 울지 않아." 그런데 별로 좋은 기준은 아닌 것 같습니다. 슬픔을 거부하고, 울기를 피하고, 누군가를 웃기지도 못하고, 다른 사람의 말에도 잘 안 웃게 되고, 아이다움을 잃어버리죠. 그러고선 어른이 되었다고 뻐기는 거예요. 사실 이건 어른이 되었다기보다는 생을 다하는 순간까지 내 안에 간직해야 할 아이다움, 순수함을 잃어버린 것입니다.

왜 내 안의 아이를 잃어버렸을까요? 부모가 싸우는 건 아이들 입장에서는 전쟁과 같은 상황이라고 했습니다. 부모가 서로를 향해 언성을 높이고 손가락질을 하면 아이들은 마치 전쟁을 겪은 것처럼 큰 충격을 받습니다. 설령 겉으로 소리를 내며 싸우지 않는다 하더라도 냉전의 분위기를 아이들은 금방 알아챕니다. 아이들은 눈치가 굉장히 빠르거든요. 어릴 적 집안이 가난했던 것은 불편했겠지만 추억이 될 수 있습니다. 그러나 화목하지 못한 가정은 추억이 되기 어렵습니다. 대부분 상처로 남습니다.

집안에 내전이 자주 일어나면 아이는 일찍 어른이 되어버립니다. 어른스럽게 말하고 어른스럽게 행동합니다. 철이 일찍 든 아이는 어른을 걱정해주기도 하고 어른의 역할에 참여합니다. 착한 아이의 경우 더 그러하지요. 그러나 아이일 때는 마음껏 울 수 있어야 합니다. 마음껏 화도 내고 찡찡거리기도 하고, 별것도 아닌 일에 하루 종일 웃기도 해야 합니다. 그리고 그런 불완전한 모습을 보호자로부터 그대로 이해받고 사랑받아봐야 커서도 자신의 감정을 조절할 줄 알고 완벽하지 않은 자신을 받아들일 줄도 알게 됩니다. 그런데 그런 시기를 갖지 못하면 자신이 부족하고 사랑받을 자격이 없다고 생각하며 늘 불안해하고 채워지지 않는 외로움을 느끼게 됩니다.

내 안의 아이를
되찾아야 합니다

우리 안의 잃어버린 아이를 어떻게 하면 찾을 수 있을까요? 방법은 다양합니다. 가장 먼저 그 아이를 찾아야 한다는 필요성을 절실하게 인식하는 것에서 시작합니다.

저는 엄마와 아빠가 싸우는 걸 많이 보며 자랐습니다. 그 징후가 항상 있었죠. 청각장애가 있었던 아버지는 정기적으로 일을 하지 않고 가끔씩 막노동을 해서 돈을 벌었어요. 그렇게 번 돈을 들고 사나흘 집을 나가 노름판에서 돈을 다 잃은 후에야 집으로 돌아왔지요. 아버지가 잔뜩 술에 취해 집으로 돌아오는 소리가 들리면 엄마가 저한테 얼른 밖으로 나가라고 했습니다. "창옥아, 아야, 언능 나가라. 니 애비 잠들면 그때 들어오구마." 도망치듯 밖으로 나가는 저는 '내가 엄마를 지켜야 하는 것 아닌가?' 하는 죄책감이 들었습니다. 하지만 아빠가 엄마를 때리는 장면을 보는 게 너무 무서운 거예요. 그때는 너무 어렸으니까요. 그리고 이런 생각을 했어요. '아빠가 죽었으면 좋겠다.' 그렇게 생각하는 내 모습이 더 큰 충격이었죠. 아빠 때문에 슬프고 괴로우면서도 스스로를 나쁜 자식이라고 생각했어요. 그렇게 전 아이다움을 잃어버렸습니다.

제 이야기를 들으면서 여러분도 어떤 아이가 떠오를지도 모릅니다. 과거 이야기는 일종의 거울이거든요. 사람의 마음은 직접 건들면 무척 어색하고 거부감이 들기 쉽습니다. 만약 제가 "당신 안에도 상처받은 아이가 있죠?"라고 다짜고짜 묻는다면 좀처럼 떠오르지 않거나 생각이 나더라도 그다지 좋은 느낌은 아닐 거예요. 막연히 기분 나쁘고 힘들었던 기분만 떠오를지도 몰라요. 제 이야기를 들으면서 자연스럽게 거울에 비춰지듯 연민의 마음으로 떠오르는 한 아이가 있다면, 그 아이를 잊지 말고 기억해주세요.

상처는 안에서 곪으면
더 위험합니다

우간다의 내전 지역으로 봉사활동을 가서 만났던 소년병, 소녀병들은 자신의 의지와 상관없이 전쟁 한복판으로 끌려간 피해자였습니다. 아이들은 전쟁이 끝나 고향으로 돌아가도 환영받지 못합니다. 때론 살기 위해 어쩔 수 없이 자기의 이웃을 죽여야만 했으니까요. 그곳에서 얼마간 머물며 아이들의 상처를 돌봐주고 다시 삶으로 복귀하게 돕는 일을 조금이나마 함께했습니다.

어떻게 보면 한국의 장남과 장녀는 내전 지역의 소년병, 소녀병과 비슷합니다. 가정에 경제적인 문제나 부부 관계의 문제, 같은 형제자매 중 장애가 있다거나 하는 문제가 있으면 주로 장남이나 장녀가 이 전쟁에 참여하게 됩니다. 그저 소년, 소녀여야 하는데, 떼도 쓰고 울기도 하며 하고 싶은 대로 하는 아이다운 시기를 거쳐야 하는데, 그러지 못합니다. 착한 아이일수록 눈치가 빠릅니다. '엄마 아빠도 어려운데 내가 이걸 해달라고 해도 되나?' 이런 생각을 먼저 합니다. 가족에게 힘든 일이 생겨도 아이는 '내가 울면 엄마 아빠는 얼마나 더 슬플까. 그러니까 나는 이 슬픔을 드러내서는 안 돼' 하면서 울지 않습니다. 그런데 밖으로 터지지 않으면 안으로 곪게 되어 있거든요. 안에서 생긴 상처는 그게 어디인지 확인도 잘 안 될 뿐더러 오랫동안 방치했다가 결국 상처가 도져 회복하기 어려운 상태에 이르기도 합니다.

자라지 못한 그 아이를
알아봐주세요

저는 우간다의 아이들을 보면서 제 큰누나가 떠올랐습니다. 저에겐 누나가 네 명, 형이 한 명 있어요. 제가 2남 4녀 중 막내죠. 저희 형제들이 유난히 안 좋아하는 형제가 있는데, 바로 큰누나입니다. 저는 우간다에 갈 때까지만 해도 큰누나를 평생 안 봐도 괜찮다고 생각해왔어요. 굳이 나쁘게 되길 바라는 건 아니지만 그냥 아예 마음 자체가 없는 거예요. 관심도 없고, 마음도 없고요. 자꾸 큰

누나와 문제가 생기니까 저희 가족은 큰누나라는 가족관계를 묻어 버렸습니다. 괜히 열었다가 불편하고 껄끄러우니 누나에 대한 기억을 내 마음의 땅 한 귀퉁이에 구덩이를 파서 덮어버린 거예요.

누나와 사이가 멀어진 이유는 이랬습니다. 저희 집은 경제적으로 자립이 되지 않았어요. 아버지는 청각장애가 있고 술과 노름을 좋아했으며, 아이는 너무 많은데 수입이 일정치 않았습니다. 어머니가 이 일 저 일 해가며 굶어죽지 않을 정도의 생계를 이어갈 뿐이었죠. 그래서 부모님은 큰누나를 초등학교만 졸업시키고 곧장 서울로 보냈어요. 서울의 어느 식당에 보내서 거기에서 숙식을 해결하고 돈을 벌게 했습니다. 누나가 번 돈을 가계에 보태기 위해서라기보다는 그냥 입이라도 하나 덜기 위해서 보내버린 거예요. 없으면 먹이지 않아도 되고 교육도 안 시켜도 되고. 아이 한 명한테 들어가는 돈이 싹 없어지는 거죠.

그렇게 큰누나는 소녀병이 되어버렸습니다. 누나는 굉장히 미인이고 형제들 중에 제일 명석했어요. 그런데 배움의 기회를 완전히 상실당하고 열네 살에 생활전선에 뛰어들게 된 거죠. 누나는 솜씨도 좋고 센스도 있어서 나중에 식당을 차렸고 제법 잘되었어요. 돈도 많이 벌었죠. 자본주의 사회에서 권력이고 총과 같은 돈이 아이에게 주어진 거지요. 돈이 생겼으니 넉넉해지고 행복해져야 하는데 큰누나는 자꾸 과거 이야기를 하는 거예요. 부모에 대한 원망이 술만 마시면 봉인 해제되어 터져 나왔죠. 제일 심각했던 것은 큰누

나와 엄마의 관계였어요. 엄마에 대한 지독한 원망만 남아, 슬프게
도 모녀는 서로를 할퀴고 헐뜯는 관계가 되어버렸지요.

우간다에 와서 비로소 큰누나가 보이기 시작했어요. 이제 예순
이 다 된 소녀병 누나. 누나를 보면 손에 전투의 흔적이 있습니다.
고왔던 얼굴에는 화상 자국이 생겼고 주름도 깊게 패였으며 손마
디는 굵어졌어요.

혹시 여러분도 소년병, 소녀병은 아니었나요? 어쩔 수 없어서 어
릴 때부터 전쟁에 참여하게 된 아이가 내 안에 있나요? 또는 형제
나 자매 중 그런 사람이 있나요? 저는 한국에 돌아가면 제일 먼저
큰누나를 만나야겠다는 생각을 했습니다. 예순이 되어버린 그 소
녀병에게 어떤 식으로든 무언가 해봐야겠다는 다짐을 했어요.

당신도 이 이야기에 마음이 움직였다면 아주 작은 행동이라도
직접 행해보시길 권합니다. 행동으로 옮기지 않는 감동은 반복되
면 인간을 공허하게 합니다. 그저 자기 위로만으로 소비되는 감동
이 아니라 작은 변화를 만들어내는 행동을 하세요.

소년병, 소녀병의 이야기를 읽고 문득 생각난 사람이나 기억이 있다면 한번 적어보세요.

당신은 어릴 때 어떤 아이였나요? 당신의 부모님은 당신과 형제자매들을 어떻게 키웠나요? 그것이 지금 당신에게 어떤 영향을 미치고 있다고 생각하나요?

누군가를 심판하려는 목적도 아니고, 누군가를 구원하려는 의도도 아닙니다. 그냥 '괜찮다' 여기며 지나쳐온 그 일을 한 번쯤 알아봐주는 일 정도입니다. 우리도 누군가가 나를 알아봐주면 좋잖아요. 가족을 위해 장거리 출퇴근을 감내하고 있다든가, 이번 주말 '독박육아'에 시달렸다든가 하는 일을 알아채주는 것 말이에요. 그런 사소한 인정이 마음에 오래 남는 법입니다. 그러니 지나쳐왔던 과거의 그 사람, 그 기억, 내 안의 아이를 새삼스럽지만 지금 한번 돌아봐주세요.

문제는
방치된 상처다

악수의 흥미로운 유래를 아시나요? 서부 개척시대 사람들은 항상 총을 가지고 다녔습니다. 언제나 누군가를 쏠 수 있는 상태였지요. 상대방에게 공격의 의지가 없다는 걸 보여줄 때 지금 내 손에 총이 들려 있지 않다는 걸 증명하기 위해 악수를 했다고 합니다.

포옹은 어떨까요? 기억은 뇌에만 저장되는 것이 아니라 근육을 둘러싼 근막에도 저장된다고 합니다. 부정적인 기억일수록 우리 몸과 마음에 오래 남습니다. 신기하게도 체온이 1도 올라갈 때 그 기억이 녹는데, 포옹을 하면 정서적 온도와 몸의 온도가 올라가 기억을 녹일 수 있습니다. 그래서 부부 세미나를 할 때면 서로 안아주기를 권합니다. 마음에 들지 않았던 일들, 죽일 듯 싸웠던 기억들이 포옹을 하면서 조금이나마 지워지는 것이지요. 즉 악수는 악의가 없다는 걸 표현하는 것이고, 포옹은 기억을 안아주는 것입니다.

우리의 기억을
안아주세요

상처를 그대로 남겨두지 마세요. 내 안의 아이를 안아주고 괜찮다고 말해주는 것이 어린 시절 받았던 상처를 치유하는 근본입니다. 어린 시절의 그 아이를 찾아가 안아줘야 그 아이가 녹을 수 있습니다. 상처 하나 없는 사람은 없습니다. 상처 그 자체로 문제가 된다기보다 방치된 상처가 문제인 것입니다.

우리는 부모로부터 독립하여 어른이 되었습니다. 그러니 스스로를 돌봐주어야 합니다. 그것이 '셀프케어'입니다. 그런데 케어를 매니지먼트와 착각하는 사람들이 있습니다. 나를 돌보는 것은 나를 관리하는 것과 거의 반대의 개념입니다. 관리는 "이렇게 하면 안 돼. 저렇게 해!", "여기가 부족하니 당장 채워!" 하는 감독 역할에 가깝습니다. 관리도 나에게 관심과 애정을 가져야 가능한 것이지만, 우리에게 필요한 것은 그저 '바라봐주는 것'입니다. 애정보다 더 깊은 연민으로 나를 안아주는 것입니다. 그러면 자연스럽게 나를 인정하고 지금 모습 그대로를 받아들일 수 있게 됩니다.

삶에 위기가 닥쳤을 때, 자괴감이 찾아왔을 때, 아물지 않은 상처가 또 아파올 때, "괜찮아. 걱정하지마. 내가 도와줄게"라고 말할 수 있는 자기 돌봄의 자세가 필요합니다. 물론 자기 연민에만 빠져 자신을 전혀 관리하지 않는 것도 문제입니다. 그런 사람은 발전이 없습니다. 그러나 제가 만난 사람들 대부분은 자신을 돌볼 생각은 않고 관리하기에만 바빴습니다. 냉정하게 자기 검열을 하고 절벽 끝에 다다른지도 모른 채 자신을 매몰차게 몰아갑니다. 셀프케어를 할 수 있어야 비로소 건강하게 자신을 성숙시킬 수 있습니다. 그것이 전제되지 않으면 우리는 쉽게 자기 자신을 다치게 합니다. 셀프케어는 방치된 상처를 돌보는 것부터 시작됩니다.

그늘이 있는 당신을
사랑합니다

강연자가 되고 싶어 저를 찾아오는 분들이 많습니다. 어떻게 하면 강의를 잘할 수 있는지 묻곤 하시는데, 그분들이 부러워하는 것이 아이러니하게도 제 트라우마와 상처들입니다. 상처를 안아주면 그 상처를 세상을 만나는 다리로 활용할 수 있습니다. 저는 어릴 적 받은 상처들을 활용해 사람들을 만나거든요. 진정 없었으면 좋았을 기억들이지만, 사실 많은 사람들을 만날 수 있도록 다리가 되어주는 고마운 상처들입니다. 그런데 그 상처를 제대로 안아주지 못하면, 그 다리는 폐쇄되어 세상과 만날 수 없습니다.

날카로운 날을 세우고 나를 방어하고 지키려 하지 마십시오. 그러면 의도하지 않아도 과한 목소리를 내고 부정적인 에너지가 형성돼버립니다. 더 밝은 척하거나 더 깊은 척하거나 더 아무렇지 않은 척하거나 말이지요. 그리고는 스스로 어른이 되었다고 착각합니다. 하지만 사실 어른이 된 것이 아닙니다. 상처받고 그대로 얼어버린 어른아이가 된 것이지요. 누군가가 나를 때렸을 때 "아, 아파!" 하는 반응이면 되는데 "안 아파, 나 안 죽었어!" 해버리는 것이죠. 이게 세상을 잘 사는 방법이라고 착각합니다. 누군가 나를 때렸을 땐 아파하는 게 정상인데 그걸 거부하는 것이죠. 정호승 시인은 '그늘이 없는 사람을 사랑하지 않는다'라고 노래했습니다. 무난하게 살아온 삶이 어찌 부럽지 않겠습니까. 하지만 저는 그늘이 있는 나를, 상처를 간직한 당신을 사랑합니다.

변화를 위한 작은 제안

우리는 슬플 때 제대로 슬퍼할 수 있어야 합니다. 《제대로 위로하기》를 보면 슬픔을 표현하는 다섯 가지 방법이 있습니다.

- 남들 앞에서 운다.
- 자신의 차 안에서 운다.
- 슬픈 영화를 보면서 운다.
- 일하다가 운다.
- 술을 마시다가 운다.

요점은 하나입니다. 울어보라는 것입니다.

당신의 최고 권력자는
누구입니까?

영화 〈1987〉은 군부독재 시절을 배경으로 당시 실제 있었던 고문치사 사건을 바탕으로 만들었습니다. 사건의 총책 역할을 했던 실존 인물을 배우 김윤석이 맡았는데, 이 인물은 수단과 방법을 가리지 않고 간첩을 잡아들입니다. 정작 자신이 정치에 이용당하고 있는지도 모른 채 무고한 사람을 악랄하게 고문을 해 간첩으로 몰죠. 근데 문제가 터집니다. 사람을 죽였고 그것을 덮으려 하지만 잘 안 되는 상황이 된 것이죠. 잘못하면 대통령까지 책임을 물 수 있으니 위에서는 꼬리를 잘라내려고 합니다. 그래서 말단 부하들이 감옥에 들어갔는데 빼주기가 어려운 상황이 된 거예요. 1억 원을 줄 테니 감옥에서 형을 살고 나오라는 그의 말에 부하들은 그렇게 못 하겠다 불어버리겠다고 합니다. 그러자 김윤석은 이렇게 말합니다.

"네 마누라, 네 아새끼들, 임진강에 던져 버리갓어. 월북하다 뒤진 걸로 처리하면 그만이디. 해봤으니, 니 알끼야. 내래 니 속이 썩어 문들어지는 걸 똑똑히 보갔어. 선택하라우. 애국자야? 월북자야?"

여기서 부하들이 계속하는 대사가 나와요. "받들겠습니다!" 이게 무슨 뜻일까요? '내가 당신의 명령과 뜻과 지시를 이행하겠다. 내가 그걸 받아서 수행하겠다'는 뜻이지요. 때로는 오열하면서 "받들겠습니다!" 합니다.

영화 후반으로 가면 김윤석이 연기한 인물이 왜 그렇게 악랄하게 되었는지가 나옵니다.

"(어릴 적 가족 사진을 보여주며) 어머니 옆에 선 아새끼 보이지? 요거 이름이 동이야. 보릿고개 때 다 죽어가는 거 우리 어머이가 거둬줬지. 야래 이 골 돌리는 거 신묘해서니 말이야. 아버지가 식구 삼고 장가도 보내줬어. 내래 동이를 형님으로 모셨더랬지. 그켔는데 말이야. 김일성이가 이북에 들어오니끼니 야래 인민 민주주의 하겠다고 완장차고 설쳐대더만. 이 아새끼가 우리집에 인민부대 끌고와서니 뭐랬는지 알간? '인민의 적! 악질 지주! 반동분자를 지옥으로 보내자!' 동이가 총알도 아깝다면서 우리 아버지 가슴에 말이야. 죽창을 찔러댔어. 내래 대청마루 밑에 숨어서 다 봤지. 이보라우. 내래 고때라도 기나갔으면 우리 어무니 살렸간내? 누이 목숨은 살렸을 기야. 나 대신에 죽었으니끼니. 지옥이 뭔지 알간? 내 식구들이 죽어나가는 판에 손가락 하나 까딱 못 하는 거. 소래기 한 번 못 지르는 거. 고거이 바로 지옥이야."

고문치사 사건의 진상을 알게 된 유해진에게 협박하며 자신의 과거를 말하는 장면의 대사입니다. 그 순간 번쩍하고 깨달은 게 있습니다. 이 사람은 지옥을 봤잖아요. 사랑하는 사람들이 죽어가는 걸 보면서도 찍소리도 낼 수 없었던 일. 죽을까 봐 대청마루 밑에서 나갈 수 없었던 일. 그 엄청난 죄책감과 고통을, 그 지옥을 겪은 거예요. 이날부터 그에게는 공산주의자에 대한 왜곡된 이미지가 생겼을 겁니다. 그리고 그걸 최고 권력자가 이용해 컨트롤한 것이지요.

트라우마라는 이름의
최고 권력자

우리 안에는 무언가를 결정할 때 최종적으로 작용하는 최고 권력자가 있습니다. 돈을 쓴다든가 관계를 결정한다든가 진로를 선택하는 데 있어서 우리 안에서 결정하는 누언가가 있습니다. 내가 결정하는 것이 아니라, 그것이 내 주인이 되어 결정을 내립니다. 김윤석 안의 강력한 결정권자는 '트라우마'였습니다.

트라우마, 상처.

그것이 사람들을 컨트롤합니다. 당시 권력 실세들이 체계적인 고문을 위해 그 트라우마를 이용한 거예요. 양심의 가책을 느끼면 고문을 계속 못하거든요. 고문을 잘해내는 것이 애국이라고 생각하니 김윤석에게는 거칠 것이 없었던 거죠. 영화 속에서 그는 교도소에 들어갈 때까지도 절대 흔들리지 않아요. 그 신념은 트라우마에서 나온 것입니다. 지옥을 본 사람은 다시 여러 지옥을 만들어버립니다.

저도 지옥을 많이 봤습니다. 오래전 일이지만, 어느 날 누나에게 전화가 왔습니다. "야, 정말 너무 화난다." 제주도에 사는 누나는 아주 큰일이 아니면 저나 형한테 말하지 않습니다. 그런데 그날은 연락이 온 거죠. 아빠가 엄마를 때렸고 엄마 턱이 어그러져서 기절을 했는데 아빠가 콩국수를 먹으러 갔다는 거예요. 순간 이런 생각이 들었어요. '어떻게 사람이 그럴 수 있을까.' 만약 제가 그때 그곳에 있었으면 우발적 사건이 일어났을지도 모릅니다. 나이가 들어도 아버지는 달라지지도 않고, 아버지가 죽기를 바라는 내 마음속의 아이는 죄책감을 느끼고, 혹여 내가 아버지의 모습을 일말이라도 구현할까 봐 매일 불안해합니다.

〈그것만이 내 세상〉이라는 영화에서 이병헌은 한물간 복서로 나옵니다. 한때 WBC 웰터급 동양 챔피언으로 이름을 날렸지만 이젠 만화방에서 숙식을 해결하며 근근이 살아가는 반백수입니다. 중학생일 때 엄마는 남편의 반복된 폭력에 못 이겨 도망가고, 매일 술에 찌들어 사는 아버지 밑에서 제대로 보살핌을 받지 못한 채 자란 큰 상처가 있는 인물이지요. 영화에서 주인공이 뭔가를 먹는 장면이 계속해서 나오는데, 사랑에 허기졌다는 걸 표현하려고 허겁지겁 먹는 장면을 계속 넣은 것 같아요. 우리가 필요 이상으로 많이 먹거나, 필요 이상으로 많이 사거나, 필요 이상으로 술을 먹거나, 향유하며 즐기는 게 아니라 허겁지겁 해치우기 바쁘다면 사랑의 결핍 때문일 수 있습니다.

저의 결핍이자 트라우마는 아버지입니다. 열등감은 물론이고 제가 '배려' 이상의 '눈치'를 보는 것은 집안 분위기 때문이었다는 걸 알게 되었습니다. 그래서 저는 하고 싶은 대로 말하는 사람을 볼 때 두 가지 감정이 듭니다. 부러움, 그리고 화. '저 사람은 왜 하고 싶은 말을 다 하지? 남에 대한 배려나 눈치 없이.'

편안한 상태로 있기보다는 다른 사람의 눈치를 보거나 긴장된 상태로 있다 보니 주변 사람들이 저한테 왜 이렇게 인상을 쓰고 있냐고 하더라고요. 그리고 조금 잘못하면 혼낼 것 같은 느낌이래요. 늘 화를 내기 직전의 에너지를 가지고 있는 거예요. 저는 실제로는 화를 잘 내지 않거든요. 최근에야 제 평상시 얼굴 표정과 에너지가 어떠한지를 알았습니다. 내가 닮고 싶어 하지 않았던 존재, 아버지를 내가 어느새 닮아가고 있었다는 것을요.

알면 알수록 상처 없던 시절로 돌아가고 싶습니다. 마냥 부모님

사이가 좋고, 형제들이 우애가 깊고, 경제적으로 넉넉한 그런 가정을 저는 경험해보지 못했으니까요.

여러분은 지옥을 경험해보신 적이 있나요? 나는 어떻게 살았는지, 나의 최고 권력자는 무엇인지 한번 생각해보세요. 혹시 저처럼 트라우마나 상처가 최고 권력자 자리에 앉아 있는 것은 아닌지, 그래서 그 기억들이 모든 결정을 하고 있는 것은 아닌지 질문해보면 좋을 것 같습니다. 우리 모두, 상처에 휘둘려서 평생을 살아가지 않았으면 좋겠습니다.

아버지로부터
배우는 것

아이는 태어나서 바로 독립할 수 없습니다. 스스로 살 수 있을 때까지 양육자의 도움이 필요합니다. 반면 송아지는 태어나자마자 걸음마를 시작하고 빠르면 30분, 늦어도 2시간 안에는 제 발로 일어나 어미젖을 찾아 먹으며 태어난 지 하루만 지나면 막 뛰어다닙니다. 사자는 젖을 떼면 바로 사냥하는 법을 배워 두 살쯤 되면 독립을 하고, 작은 새들도 태어난 지 한 달 정도가 지나면 둥지를 떠납니다. 동물들 중 인간만이 부모와 매우 오랜 시간을 보냅니다. 함께하는 시간이 오래될수록 서로를 닮아가지요. 그래서 현재 우리의 모습과 미래의 삶까지도 부모를 통해서 어느 정도 유추할 수 있습니다. 부정하고 싶을지 모르지만 말입니다.

권위 있는 자와의 공존

제 주변에서 아버지 없이 자란 아이들에게서 나타나는 공통적인 현상을 발견했습니다. 아버지 없이 자랐다는 건 두 가지 경우입니다. 첫 번째는 생물학적으로 아버지가 부재한 상태이고 두 번째는 아버지가 있지만 아버지로서의 역할을 못해준 경우이지요. 사회적으로, 정서적으로, 경제적으로 말입니다. 저는 후자였습니다.

대한민국 가정에서 아버지는 전통적으로 권위를 상징합니다. 한부모 가정이나 조부모 가정에서도 권위를 담당하는 사람이 있기 마련입니다. 아이들은 바로 이 권위자의 존재를 보고 학습하려고 합니다. 아버지가 멋있어 보이고, 믿음직스러워 보이고 그래서 본받고 싶고 따라 하고 싶지요. 그런데 아버지가 부재하면 권위 있는 자와 공존하는 법을 배우지 못합니다. 결국 커서도 나이 많은 사람과 관계 맺기가 어려워지는 문제가 발생할 수 있습니다. 사회에 나가면 손윗사람이 있고, 직장 선배도 있고, 사장님도 있고, 나보다 나이 많은 사람들이 많습니다. 그 사람들과 관계를 잘 맺어야 합니다. 세상은 똑똑하다고 다 되는 게 아니거든요.

반면 이 권위자가 너무 엄하면 아이들이 그 영향을 받습니다. '아버지가 죽어야 아들이 산다'는 말도 있습니다. 아버지가 실제로 죽어야 한다는 것이 아니라, 자녀에게 정서의 땅을 내어줘야 한다는 의미입니다. 아이가 실패할 수 있는 땅을 내주어야 하는 아버지가 너무 잘나고 권위적이면 아이가 자랄 공간이 없습니다.

좋은 권위를 가진 보호자 아래에서 자라지 못한 경우, 권위자를 인정하지 않는 사람이 될 수도 있습니다. 내가 충분히 인정할 만한 사람이어야 권위를 가질 수 있다는 자신만의 엄격한 기준이 생깁니다. 그리고 권위적인 사람만 보면 저항감이 생깁니다. 군대에 가거나 직장에 들어가도 그런 사람이 있으면 그 사람에게서 아버지가 보이고, 동시에 한없이 힘없던 과거의 내가 생각나지요. 그래서 괜한 반발 심리가 생겨 좋은 관계를 가지기가 어렵습니다. 반면 내가 인정할 만한 권위자를 만나게 되면 집중을 넘어서 집착을 합니다. 살면서 만나지 못했던 괜찮은 어른의 존재에 과하게 몰입해 분신으로까지 여기게 됩니다. 누가 그러라고 한 것도 아닌데, 아버지에 대한 목마름 때문에 그 사람에게 함몰되는 것입니다.

대를 이어야 할 것과
대를 끊어야 할 것

우리나라의 꽤 많은 사람이 부모에 대한 목마름이 있습니다. 하지만 결혼할 때 아버지 같은 사람, 어머니 같은 사람을 찾는 건 주의해야 합니다. 갈급함으로 맺어진 관계는 건강하기 어렵기 때문입니다. 그럼 서로의 무엇을 보고 결혼해야 할까요? 결국은 부모로부터 받은 '모국어'가 훌륭한 사람이 좋습니다. 모국어는 부모로부터 받은 '언어의 유산'입니다. 음성 언어 외에도 몸짓, 손짓, 표정, 자세 등으로 표현되는 비언어적 방식이 있지요. 우리에겐 어릴 적 부모를 통해 듣고 본 언어가 있습니다. 아빠가 엄마를 어떻게 대하는지, 엄마가 아빠를 어떻게 대하는지, 부모가 세상을 어떻게 대하는지 말입니다. 그것이 무엇인지도 모른 채 수십 년간 그 언어에 노출되며, 마음이 말랑말랑 유연할 때 보고 들은 그 언어를 고스란히 상속받습니다.

"난 엄마처럼은 절대 살지 않을 거야!" 또는 "난 아빠처럼은 안 살 거야!"라고 다짐을 하지만, 삶의 위기가 생겼을 때는 나도 모르게 상속받은 언어를 사용하기 시작합니다. 평상시에는 자기가 원하는 모습의 가면을 쓰고 그에 걸맞은 언어를 사용할지 몰라도, 위기나 취약한 상황에 놓이게 되면 물려받은 언어가 튀어나옵니다.

그러니 좋은 언어를 가진 사람과 결혼하시길 추천합니다. 그러려면 그 부모의 언어를 봐야 합니다. 그런데 보통 결혼하기 몇 달 전에 형식적으로 상견례를 하고 끝이잖아요. 저희 어머니가 저에게 이런 말을 하신 적이 있습니다. "창옥아, 너 살아봐. 사람이 얼굴 먹고 사는 것이 아니여. 사람 안에는 사람이 있어야 해." 사람 안에 사람이 있어야 된다는 건 좋은 언어를 가진 사람을 말하는 것 같습니다. 우리가 부모에게서 무엇을 받았는지 아는 것은 매우 중요합니다. 본인이 어떤 엄마, 어떤 아빠에게서 자랐는지를 알지 못하면 전혀 생각지 못한 다른 곳에서 문제가 생길 수 있습니다.

삶에서 자꾸 넘어지고 관계가 틀어질 때는 이게 어디에서부터 시작했는지를 알아봐야 합니다. 우리에게는 대를 이어야 할 것과 대를 끊어야 할 것이 있습니다. 부모의 어떤 모습을 내 대에서 끊고 싶다면, 내 속에 무엇이 있는지를 우선 직시해야 합니다. 직면하는 것. 그것만큼 고통스러운 일도 없습니다. 그리고 끊는 것은 잇는 것의 몇십 배로 어렵다는 것을 알아야 합니다. 내가 아버지로부터, 어머니로부터 무엇을 물려받았는지 한번 냉철하게 살펴보십시오. 문제를 해결하는 것은 문제가 어디에서부터 왔는지를 아는 것에서부터 시작합니다.

변 화 를 위 한 작 은 제 안

누군가의 아버지가 된 사람들이 질문합니다. 좋은 아빠가 되는 게 참 힘들다고. 아이와 어떻게 놀아야 할지 모르겠다고. 저는 되묻습니다. 부모와 함께 놀아본 경험이 많았는지를요. 그중 70퍼센트 이상은 자신의 아버지, 어머니와 함께했던 시간이 적었습니다. 운동장에서 같이 캐치볼을 한다거나, 놀이터에서 같이 시소를 탄다거나, 그도 아니면 그냥 거실에서 뒹굴면서 노는 시간들 말입니다.

우리 아버지 세대는 1950년 한국전쟁을 경험한 세대입니다. 전쟁 전후 시대, 최소한의 것조차 보장되지 않은 삶을 사신 분들입니다. 그분들에게 아버지의 역할은 아이와 행복한 시간을 보내는 것이 아니라 기둥이 없는 집에서 맨몸으로 기둥을 올려 세우는 것이었습니다. 그런데 세상은 너무 빨리 변해버려서 60년~70년 만에 전혀 다른 세상이 되었습니다.

이제 우리 아버지들의 역할은 비바람 막아줄 벽을 세우고, 지붕을 만드는 것에서 친구 같은 아빠, 좋은 아빠가 되는 것으로 급선회했습니다. 그러니 갑자기 좋아질 수는 없다고 봅니다. 지금의 삼십 대, 사십 대들은 기둥 세우는 아버지만 봐왔잖아요. 그 뒷모습만 보고 자라왔으니 당연합니다. 내가 좋은 아빠가 아니라고 자책하지 마십시오. 내 아버지로부터 못 받아봤는데, 그걸 갑자기 아이들에게 해주려고 하니 당연히 힘이 드는 것입니다.

'좋은 변화도 급하면 좋지 않다'는 걸 기억하세요. 자책하지 마시고 마음이 자유로워졌으면 좋겠습니다. 우리 자식과의 인연은 몇십 년 안에 끝나거든요. 그러니 자책보다는 그 자식과의 시간을 소중하게 가꾸어나간다고 생각하시면 훨씬 수월할 것입니다.

인생도
빈티지처럼

제가 빈티지 제품을 좋아하는 이유는 시간이 지나도 더 좋아질 수 있는 물건이기 때문입니다. 어떤 물건은 남이 썼던 것이고 시간이 흘러 스크래치가 나고 헐었음에도 더 가치가 생깁니다.

우리는 흠 없는 새하얀 마음으로 이 세상에 태어났는데 살면서 마음에 스크래치가 납니다. 내가 잘못해서든, 누군가 나에게 잘못해서든 상처 하나 없던 마음에 한 줄, 두 줄 상처가 납니다. 자존심에 스크래치가 생겼을 때 특히 고통스럽죠. 마음이 여리고 스스로 정의롭다고 여기는 사람일수록 인생을 살기가 쉽지 않습니다. 살다 보면 어느 날 불의한 일을 당하기도 하거든요. 가장 힘든 건 나의 불의함을 확인하게 될 때입니다. 우리는 보통 만화를 볼 때도 좋은 편, 나쁜 편을 나누고 자기는 좋은 편에 섭니다. 그렇게 나는 항상 정의로운 사람이고 그 잣대로 세상과 사람들을 판단하죠. 그

러다 문득 내가 정의롭고 순수한 사람이라는 생각이 깨지는 순간
그걸 견뎌내기 몹시 어렵습니다.

상처 없는 삶은 없다

스크래치 없이 인생을 살 수는 없습니다. 삶의 진리를 일찍 깨달
은 사람은 어렸을 때 이미 삶이 고통이라는 것을 압니다. 그 고통
을 깨닫고 인간의 고통을 구원해야겠다고 한 분이 불교의 부처, 싯
다르타입니다. 인도의 왕자로 태어난 그가 성 밖으로 처음 나가 깨
달은 사실이 그것입니다. '생은 고통이다.'

빈티지 시장에는 데드 스톡Dead stock이라는 용어가 있습니다. 물
건을 그 당시 수요보다 훨씬 많이 생산해서 그 물건을 유통하지 못
한 채로 창고에 쌓아 두다가 10년, 20년 지나서 다시 시장에 푸는
걸 가리키는 말입니다. 저는 그런 제품은 선호하지 않습니다. 마치
마음이 순수한 어릴 때부터 세상과 단절된 채로 보호막 안에서 지
낸 것 같달까요? 부모의 철벽 같은 보호를 받으며 자란 이들, 혹은
선진국에서 태어난 사람들은 상대적으로 불의한 것을 덜 겪었거든
요. 캐나다, 호주, 뉴질랜드, 스웨덴, 덴마크 등 사람들이 이민을 가
고 싶어 하는 나라들 말이지요. 그런 나라들은 상대적으로 국가가
제도적으로 국민을 보호해주기 때문에 국민 개개인이 받는 스크래

치가 줄어듭니다. 국가든 부모든 강력한 힘을 가진 누군가가 세상의 스크래치를 받지 않도록 데드 스톡으로 만든 거예요. 근데 데드 스톡은 빈티지라고 하기엔 애매합니다. 옛날 물건이긴 하지만 스크래치가 없거든요. 상태가 아주 좋습니다.

제가 인정하는 빈티지는 강력한 보호 아래 상처 없는 인생이 아니라, 스크래치도 나고 때로는 찢긴 인생이어도 시간이 지날수록 가치가 있는 것들입니다. 과연 우리는 빈티지가 될 수 있을까요?

시간을 이겨낸
아름다운 존재

저는 '빈티지'를 이렇게 정의 내렸습니다. 시간을 이긴 물건. 시간을 이겨낼 물건. 사람에 비유하면 생의 고통을 지나온 사람, 인간관계로 말하면 시간이 지나도 퇴색하거나 빛이 바래는 게 아니라 더 깊어지는 사이.

우리가 직장에 처음 다니기 시작하면 잘해보고 싶잖아요. 처음에는 인사도 "안녕하십니까!" 하고 큰 소리로 하죠. 그런데 시간이 지나면 점점 목소리가 바뀝니다. 시간을 이기지 못하는 거예요. 뭐든 이 점이 관건입니다. 지금 좋아하고 잘하는 이 일이 과연 시간도 이겨낼 수 있겠냐는 거예요.

트라우마가 없는 삶은 데드 스톡과 같습니다. 외부와 단절된 채로 보호받고 안전하게 지켜져 그렇게 상처 하나 없이 40년, 50년을 보낸 물건들이 있습니다. 물론 그것들은 그것대로 가치가 있겠죠. 하지만 빈티지의 아름다움을 가질 수는 없을 것입니다. 어렸을 때 자존심이 상했던 일, 상처를 받았던 일부터 성장한 이후에도 수많은 시련들을 만나 여러 가지 일을 당할 수 있을 겁니다. 허나 그 일이 거기서 끝나지 않기를 바랄 뿐입니다. 그 일이 우리 삶에서 가치 있는 무엇인가로 변형될 수 있기를 바랄 뿐입니다.

제 삶은 데드 스톡은 아니었습니다. 당신의 삶은 어떤가요. 전 완전무결한 삶보다 세상의 풍파에 조금 찢기고 바래진 삶이 더 멋스럽다고 생각합니다. 그 상처를 잘 어루만져주면 낡은 상품이 빈티지가 되고, 인간관계는 시간이 지날수록 더 깊어질 수 있을 것입니다.

힘듦의 기준을
헐겁게 세워라

제가 처음으로 한 아르바이트는 경양식집 서빙이었어요. 벌써 이십 년도 더 된 이야기네요. 제주도에 함박 스테이크 전문점이 문을 열었어요. 당시 전 돈가스만 먹어봤지 함박 스테이크는 한 번도 먹어보지 못했거든요. 그때 두 종류의 스프가 있었어요. 하얀색 크림스프와 갈색 야채스프. 제가 손님 테이블에 서빙을 했는데 한 손님이 왜 밖에 있어야 할 낙엽이 스프 안에 들어가 있느냐고 화를 냈어요. 이 식당은 대체 뭘 하는 거냐며 호통을 치는데, 제가 봐도 길바닥에 있어야 할 것이 스프 안에 들어 있는 거예요. 저는 재빨리 죄송하다고 사과를 했죠. 그런데 알고 보니 그건 스프의 풍미를 좋게 하려고 얹은 월계수 잎이었어요. 그걸 알고 설명했어야 했는데 무턱대고 사과를 했으니, 나중에 지배인에게 무식하다고 엄청 혼이 났습니다.

두 번째 아르바이트는 제주 신라호텔의 기와 작업이었어요. 신라호텔 지붕의 붉은 기와들을 1990년에 개관할 때 제가 깔았지요. 기술자는 따로 있고 저는 보조였습니다. 기술이 없으니까 높은 지붕까지 무거운 기왓장 나르는 일만 했는데 힘만 들고 돈은 얼마 받지 못했습니다. 다음에 했던 것은 목욕탕 청소였습니다. 목욕탕 개수대를 열면 물때와 머리카락이 가득합니다. 먼저 그것들을 치우고 탕 안과 바닥에 락스를 뿌리고 빡빡 솔질을 해서 때를 제거하는 일을 했어요. 환기도 잘 안 되는 곳에서 락스를 쓰니 아주 냄새가 독했어요. 남의 돈 버는 일은 정말 쉽지 않았습니다.

젊은 시절 했던 아르바이트는 너무 힘들었습니다. 하지만 군대를 다녀오고 나니까 힘든 일이 제 인생에서 싹 사라져버렸습니다. 지금은 그러지 않겠지만 당시 해병대에서 많이 맞았거든요. '해병대가 왜 눈이 크냐?' 이런 말도 안 되는 이유로도 맞았습니다. 훈련이 힘들지는 않았습니다. 인간관계가 극한으로 힘들었습니다. 저는 밥 먹으러 갈 때 서로 도란도란 이야기하면서 가고 싶지 군가를 부르면서 가고 싶지는 않았습니다. 이유 없이 맞고 싶지도 않았습니다. 그곳은 저랑 맞는 곳이 아니었습니다.

어느 날은 생활관에서 가만히 앉아 있는데 '아, 내가 여기서 살아나갈 수 있을까?' 하는 생각이 들었습니다. 극한의 공황장애와 폐소 공포증이 오면서 갑자기 뒤로 쓰러졌습니다. 손이 덜덜 떨리면서 온몸이 마비됐었죠. 중대장님 차를 타고 연대 본부 응급실로 실려 갔는데 아무 이상도 없는 거예요. 그 후 괴롭힘은 더 심해졌습니다. 훈련 받기 싫어서 잔머리 굴렸다고요. 그때는 정말 죽고 싶었습니다.

죽을 만큼 힘들지 않으면
괜찮다고 여기는 태도

제대 이후 제 삶에서 군대 시절이 어떤 기준점이 되어버렸습니다. 살면서 '힘들다'의 기준을 극한으로 힘들었던 군대 시절에 맞춰서 판단하는 버릇이 생긴 것입니다. 그때를 기준점으로 두고 그때보다 안 힘들면 '어? 별로 안 힘든데?' 하는 거예요. 그때가 바닥이니까 그보다 힘들지 않으면 무감각한 거죠.

저는 스물네 살에 단돈 17만 원을 갖고 성악 공부를 하겠다고 상경했습니다. 집도 없고 돈도 없고 일할 곳도 없는데, 그때는 이런 마음이 든 거예요. '〈벼룩시장〉 보면 구인구직란에 천지가 일거리더만!' 그래서 신문배달 일을 해서 생활비와 성악 레슨비를 벌었어요. 처음에는 자전거로 배달했는데 집과 집 사이가 너무 먼 거예요. 그래서 오토바이를 배웠는데 별로 두렵지도 않았습니다. 그때는 배달하면서 말을 했어요. "중앙일보 왔습니다. 안녕히 계십시오." 낭만이 있었죠. 한 달 열심히 배달하고 수금도 갔어요. 자동이체가 없던 시절이니까 수금을 해가면 돈을 좀 더 줬어요. 어느 날 신문 값을 받으러 갔는데 어느 집주인이 막 화를 내는 거예요. 제가 다른 집에다 신문을 배달하고 돈을 받으러 간 거였죠. 잡아먹을 듯이 화를 내도 별로 힘들지 않았어요. "죄송합니다. 안녕히 계십쇼!" 하고 뒤돌아 나왔어요. 하나도 안 힘들었어요. 군대 시절과 비교해서요. 항상 힘들다는 마음이 올라오려고 하면 머리에서 이렇게 생각하는 거예요. '안 때리잖아, 여긴. 애들 소꿉장난이지, 뭐.'

저는 무난하지 않은 제 인생을 가려보려고 항상 밝게 지냈어요. 가면을 쓴 거예요. 남들은 금방 알아봐요. 저게 본모습인지, 가면인지. '왜 저렇게 웃지? 웃을 때가 아닌데? 왜 센 척하지?' 하고요. 나만 모를 뿐입니다. 그러고는 삶의 무게감의 기준을 내가 가장 힘들었을 때로 정해놓은 것이지요. 그것보다 무겁지 않으면 가볍다고 여기는 것입니다. 그렇게 살다 보니 나 자신에게도, 관계에도 문제가 생기기 시작했습니다.

힘듦의 기준은 모두 다르다

힘듦의 기준을 너무 엄격하게 세우지 마세요. 사람들은 모두 힘든 일의 기준이 다릅니다. 누구한테는 힘든데 누구한테는 힘들지 않을 수도 있습니다. 부모와 자식 사이에 힘듦의 기준이 차이가 나면 문제가 생깁니다. "아니, 너는 이게 뭐가 힘들어?" 이렇게 영영 이해할 수 없는 간극이 생겨버립니다. 팀장과 팀원 사이에서도 마찬가지입니다. "팀장님, 너무 힘듭니다. 저 이거 못할 것 같아요." 그 힘듦을 공감해주면 괜찮은데 팀장은 이렇게 말하죠. "우리 때는 회사에 간이침대 깔고 잤어. 요즘 애들은 근성이 없어. 이게 직장이야? 회사에 놀러왔어?" 팀장의 힘들다는 기준과 팀원의 힘들다는 기준점이 다른 거예요. 액체마다 끓는 온도가 다른 것처럼 말입니다. 사람들은 각기 자신이 '지금껏 살면서 가장 힘들었던 시기'를 기점으로 지금의 힘듦을 저울질 한다는 것이지요. 다른 기준점을 이해하지 못하면 다른 사람과 화합할 수 없습니다. 자기의 척도만 옳다고 여기면서 평생 그 기준으로 타인의 삶을 재지 않았으면 좋겠습니다.

이 문제는 타인과의 관계에만 적용되는 것이 아닙니다. 자신에게도 평생 그 잣대로 힘듦을 재지 않았으면 좋겠습니다. 가장 극심한 시절의 고난을 기준으로 삼으면, 결코 몸이 버틸 수 없습니다. 한계가 옵니다. 머리로는 '아니, 이게 뭐가 힘들어? 예전보다 좋은 옷도 입고 좋은 차도 타고, 예전보다 일하는 시간도 줄었는데 완전 배부른 소리지. 더 전진해야 돼. 지금 나약한 생각할 때가 아니야!' 이렇게 계속 채찍질을 할지도 모릅니다. 하지만 '내 인생에서 가장 힘들었을 때'의 기준에 못 미칠 뿐 힘들지 않은 것이 아닙니다.

힘든 시기를 건너온 자신을 따뜻한 시선으로 바라봐주세요. 잣대만을 부여잡지 마시고요. 보상으로 대충 넘길 생각도 하지 마세요. '너 힘들었으니까 좋은 거 하나 사. 고생했으니까 비싼 거 하나 사도 돼.' 이건 그냥 잠깐의 보상입니다. 우리에게 필요한 것은 보상이나 채찍질이 아닌 보살핌입니다. 힘들었으니까 해외여행 한 번 가고 쇼핑몰 장바구니에 넣어뒀던 물건을 사는 것이 아니라 평상시에 스스로를 걱정하고 위로하고 챙기는 것입니다.

변 화 를 위 한 작 은 제 안　　　　　　　　　　𝒪

누군가 내게 힘들다고 말했을 때 어떻게 반응해야 하는지 모르겠는 경우가 있습니다. 어떤 표정으로 무슨 말을 건네야 할지 모르겠다면 그냥 하나만 명심하세요. 상대방의 말을 귀 기울여 들어주는 것만으로도 충분할 때가 많다는 것 말입니다. 그리고 한 마디만 덧붙이면 됩니다. "힘들겠다." 괜한 말을 덧붙이지 않아도 됩니다. 섣부른 해결책을 제시하기보다 고개를 끄덕이며 진심과 공감의 말 한마디를 건네는 편이 훨씬 상대방에게 위로가 됩니다. 힘듦의 기준은 모두 다릅니다. 그러니 그의 말을 그냥 듣고, 그의 힘듦을 모두 인정해주세요.

때론
견뎌야 할 때도 있다

1993년, 저는 해병대를 지원해서 갔습니다. 나름 제주도 바닷가에서 자란 바다사나이고, 남자면 폼나게 해병대 정도는 가야겠다 싶기도 했지만, 사실 대학 입시에 계속 실패해서 군대에 들어갔습니다. 지원은 했으나 말씀드렸듯 정말 저와는 맞지 않았습니다. 그때 조금만 더 치달았다면 스스로 목숨을 놓았을지도 모릅니다. 당시 기도 아닌 기도를 이렇게 했습니다.

'제가 여기에서 마음이나 몸의 장애를 얻지 않고 살아나갈 수만 있다면, 저처럼 무언가에 갇혀 있는 사람들을 위해서 살겠습니다.'

그렇게 힘든 생활 중 어떤 글을 읽게 되었습니다. 미국 플로리다에 세인트 어거스틴이라는 작은 포구에서, 어느 날 갑자기 해안가에 갈매기들이 떨어져 죽기 시작했습니다. 주민들이 역병인 줄 알고 역학조사를 했는데 바닷가 다른 생물들은 모두 괜찮은 거예요.

원인 불명의 홍조였죠. 사람들은 불안하다며 겁에 질렸습니다. 이유를 알아봤더니, 그곳은 백여 년 전부터 새우잡이 배들의 포구였던 겁니다. 갈매기들이 새우잡이 배에서 그물을 끌어올릴 때 떨어지는 새우들을 주워 먹고 살았는데, 이 포구를 갑자기 옮겨버린 것입니다. 갈매기는 이미 오랜 포구 생활로 사냥하는 기술을 잊어버렸는데 포구를 옮겨버리니까 굶어 죽었던 것이었습니다.

그 이야기를 봤을 때 제 마음이 크게 움직였습니다. '아, 내가 지금까지 부족하지만 부모님이 떨어뜨려주는 먹이를 주워먹고 도움받아 살아왔는데 이제는 나 혼자 살아내야 하는구나. 내가 나를 도와야 하는구나' 이런 생각이 처음으로 들었습니다. 그렇게 생각하니 마음가짐이 조금 달라졌습니다. 물론 여전히 힘들기는 했지만요.

어느 날 갑자기 찾아오는 구원자는 없습니다. 손바닥을 딱 뒤집듯 한 번에 구원이 오지도 않습니다. 이 책을 읽는다고 갑자기 삶이 바뀌지도 않고 어떤 종교를 믿는다고 내 주변의 인물이나 환경, 나를 힘들게 했던 문제들이 한순간에 바뀌지 않습니다. 구원은 아주 작은 곳에서 옵니다. 내 마음에 살짝 새어 들어오는 작은 빛처럼 옵니다. 제가 만난 그 글처럼요.

아무리 넘어져도
끝까지 포기하지 말아야 할 것,
나 자신

사실 어쩔 수 없는 상황에선 '견디는 것'이 가장 힘을 잘 사용하는 것입니다. 이겨내려고 하면 힘에 부칩니다. 그러고는 다치거나 아예 포기하거나 쓰러져 결국 이기지 못합니다. 그러니 너무 힘든 날이라면, 이겨내려고 하지 말고 견뎌보는 게 어떨까요? 전 지금 이렇게 생각합니다. '그때 안 죽기를 잘했다. 그때 죽었으면 지금 이런 눈물도 없고 이런 웃음도 없고 이런 만남도 없었을 테니. 그때 안 죽기를 참 잘했다.'

과연 내가 여기에서 살아나갈 수 있을까? 온전한 정신으로 이 기간을 넘길 수 있을까? 그런 위협을 받고 계시다면 너무 원초적인 말이지만, 절대 죽지 마세요. 그리고 한 번에 일으켜서 이겨내려고 하기보다는 버티고, 견디고, 겸손한 마음으로 하늘을 향해서든 땅을 향해서든 누군가를 향해서든 도와달라고 손을 내미세요. 우리의 삶이 아직 우리를 놓지 않았습니다. 그런데 모든 사람이 나를 잡아도 내가 스스로를 잡지 않으면 그 순간 모든 게 끝나버립니다. 그러니 넘어져도 계속 견디면서 자기를 포기하지 않았으면 좋겠습니다. 우리가 이 시절을 '그땐 그랬지' 하며 생각할 수 있는 시간이 반드시 올 것입니다.

2020년에 육군 군복무기간이 18개월로 단축된다고 합니다. 아마 갈수록 줄어들겠지요. 그 뉴스를 듣고 "야! 그게 무슨 군대야? 내가 갈 때는 36개월 했어! 요즘은 뭐 보이스카우트 캠핑 가는 거지, 그게 군대야?" 하시는 분들, 꼭 있습니다. 제발 그렇게 말하지 마세요. 특히 가족이나 주변에 가까운 사람이 군입대를 앞두고 있을 때 절대 하지 마십시오. 제가 지난 몇 년간 한 달에 한 번씩 군인들에게 강의를 하러 갔습니다. 전방에 가보면 아직 건물이 40년 전 그대로인 곳도 많습니다. 아무리 세월이 좋아졌다 하더라도 군대생활은 쉽지 않은 일입니다.

그리고 군대처럼 자신의 의지로 벗어나기 어려운 환경에 놓인 분께 이런 말씀을 드리고 싶습니다. 어차피 힘들 거라면 이 힘듦을 한번 견뎌보겠다는 각오를 하십시오. 그러면 그 경험이 나를 성숙시키는 계기가 되어줄 것입니다. 어쩔 수 없이 가야 하는 것이라면 안 힘들려고 하지 말고 '그래, 힘들어야지'라고 생각하시면 그 일이 결국은 내 삶에 힘이 될 것입니다. 직장생활에서도 마찬가지입니다. 어쩔 수 없이 해야 하는 업무라면 조금이라도 안 힘든 일을 하려고 하지 마시고, 그 일이 내 일이라는 사실 자체를 받아들이십시오.

힘들기 싫어하면 그 순간 사람은 가지고 있는 힘마저 빠져버립니다. 직장도, 결혼도 똑같아요. 자꾸 요행을 바라면 원래 있던 힘도 없어져버립니다. 제가 삶은 장사하는 거라고 말씀드린 적이 있습니다. 맞습니다. 삶은 장사입니다. 장사를 하려면 이왕이면 남는 장사를 해야 합니다. 군복무는 국가를 위해서 한다? 그것은 너무 거창한 말입니다. 그냥 나를 위해서 하세요. 체력과 정신력을 키우겠다는 각오든 저런 선임처럼 되지 않겠다는 다짐이든 무언가 내게 도움이 되는 쪽으로 생각하세요. 피할 수 없다면 무엇 하나라도 얻어가세요. 그러면 군대에서 겪은 힘든 일들이 반드시 당신을 단단하게 만들어줄 것입니다.

세상에 완벽한
연애란 없습니다

첫사랑과 결혼하는 것에 대한 환상을 가진 이들이 있는데 저는 개인적으로 그 환상에 동의하지 않습니다. 우리에겐 무의식적으로 가지고 있는 교집합이 몇 개 있습니다. 연애의 경우 이런 공통점이 있습니다. '내가 누구를 만나서 상처를 받고 싶지도 않고, 상처를 주고 싶지도 않으니 나랑 딱 맞는 사람을 한 번에 만나서 행복하게 살았으면 좋겠다.' 그런데 그런 사람이 몇 명이나 있을까요? 아마 극히 드물 것입니다.

저는 그런 연애를 별로 추천하지 않습니다. 연애를 해봐야 비로소 내가 누군지 알 수 있습니다. 나라는 사람의 본질적인 정의는 내가 어떤 상황이 올 때 어떻게 반응하는 인간인가 하는 것입니다. 화났을 때 어떻게 반응하는가, 섭섭할 때 어떻게 표현하는가, 기분 좋을 때는 어떻게 즐기는가, 선택할 때는 어떤 기준으로 하는가. 그게 본질적인 나입니다.

마찬가지로 연애란 상대방에 대해 알아가는 것입니다. 처음에는 외적인 매력에 끌려 만날지도 모르지만 점차 이 사람이 반응하는 방식을 살핍니다. 내가 반응하는 방식, 그리고 상대방이 반응하는 방식은 서로를 만나봐야 경험할 수 있습니다.

그러니 누군가를 만나다가 일방적으로 헤어짐을 통보받더라도 너무 좌절하지 마세요. 이 일로 나는 내가 누구인지, 그리고 상대방이 어떤 사람인지를 알아본 것입니다. 그 사람이 나를 버렸다고 해석하지 말고 그저 이 기회로 상대가 어떤 사람인지 알게 된 것으로 여기세요.

어느 날 여대에 강의를 갔습니다. 강의가 끝나고 한 학생이 질문을 했어요. 남자친구가 군대에 갔는데 기다려야 하냐고 물으시더라고요. 그래서 제가 그랬습니다. "좋아한다면 기다리십시오. 그런데 '좋아 보인다면' 기다리지 마십시오. 남자친구가 군대에 간 것은 찬스입니다. 그 사람이 기다림의 대가를 지급할 만한 사람인지 아닌지를 확인할 기회죠. 만약 아니라면 편지를 쓰세요. 장황하게 쓰지 마세요. 특히 군인은 단순해서 혼란스러워합니다. 그냥 '우리 사이 끝'이라고 쓰세요."

거듭 말하지만 연애는 내가 어떤 사람인지, 그리고 상대방이 어떤 사람인지 알아보는 것입니다. 연애니까 너무 심각하게 생각하지 마세요. 이건 결혼이 아니거든요. 한 70퍼센트 정도 내 마음에 들어오면 연애를 해보라고 추천하고 싶어요. 30퍼센트는 비록 내 마음에 들지 않지만 그것을 받아줄 만한 가치가 있는 사람인지를 사귀면서 가늠해보는 것입니다. 그걸 받아들일 마음도 없이 100퍼센트의 조건을 가진 완벽한 사람이 나타나길 기다린다면 연애는 어려울 수밖에 없습니다. 연애를 통해 힘들지만 이별하는 법도 배우십시오. 이별하지 않으려고만 하면, 아픔을 겪지 않으려고만 하면 진짜 좋은 인연은 찾아오지 않습니다.

몸에
힘을 빼는 법

하루는 강연장에서 중년의 여성이 질문을 했습니다. 남편이 몸이 아파 일을 못하게 되면서 어쩔 수 없이 자신이 가장이 되었고, 현재 하고 있는 일이 다섯 가지나 된다고요. 어느 날 남편이 억척같이 사는 아내를 보고 자괴감이 들었는지, 아내의 얼굴도 보기 싫고 말도 하기 싫다며 넉 달째 말을 하지 않고 있다고 했습니다. 힘든 내색을 하지 않으려 노력하던 습관 때문인지 그분은 매우 담담히 이야기를 하셨습니다.

힘든 상황에서 정신을 차리지 않으면 안 될 것 같아 몸에 잔뜩 힘을 주는 이들이 있습니다. 그렇게 적절한 에너지를 넘어서버리는 경우가 있습니다. 여기서 힘들다고 해도 안 되고 울어도 안 되고, 주저앉으면 끝이다, 이렇게 생각하면 삶에 필요 이상의 땔감을 넣어버리게 됩니다. 내 뒤로 마지노선이 없다고 느껴질 때, 내 뒤에 절벽이 있다고 생각될 때 온몸에 힘을 주게 되는 것입니다. 누군가 뒤에서 받아줄 사람이 있으면 몸에 힘을 뺄 수 있습니다. 하지만 받아줄 사람이 없다고 생각하니까 떨어지는 순간까지 온몸에 힘을 주게 되지요.

물론 스스로 원해서 그렇게 살게 된 것은 아니지만 질문을 하던 그분에게도 그런 에너지가 마치 용암같이 흐르고 있었습니다. 힘든 상황 속에서 에너지를 끌어올리는 것은 물론 도움이 되나, 그 에너지 때문에 자기 자신도 힘들고 곁에 있는 사람도 조금은 버거워지는 것이죠.

아이들은 넘어지고 굴러도 크게 다치지 않습니다. 몸에 별로 힘을 주고 있지 않아서입니다. 하지만 어른들은 그냥 넘어진 것뿐인데 인대가 늘어나고 뼈에 금이 가고 심하면 다리가 부러지기도 합니다. 몸에 힘을 주고 살기 때문에 넘어지면 세게 다치는 겁니다.

10퍼센트만 힘을 빼면
넘어져도 덜 다칩니다

일할 때도 조금 힘을 빼고 일하세요. 안달복달할 것 없습니다. 만약 종교가 있다면 '한 번만 도와주세요'라고 기도해보세요. 교회에 가서 기도하고 사찰에 가서 절과 명상을 해보세요. 그도 아니면 마음을 편하게 해주는 사람을 만나 잔뜩 주고 있던 힘을 빼는 방법도 있습니다.

　사는 것이 힘이 들 땐 때론 눈을 감아보세요. 극장에 들어가서 갑자기 어두워지면 더 잘 보려고 하다가 넘어질 수 있거든요. 그때는 역으로 삶에 대한 믿음을 가지고, 살짝만 눈을 감고 차를 한 잔 마시든 책을 한 권 보든 산책을 30분 하든, 무언가를 해보는 걸 추천하고 싶습니다. 자기 자신에게 "수고했다. 얼마나 힘들었냐"라고 말해주면서요. 하루에 5분이든 10분이든, 거창한 명상이 아니어도 좋으니 그 시간을 본인에게 주세요. 그리고 힘들면 힘들다고 푸념이라도 해보세요. 내가 힘을 받을 수 있는 작은 존재라도 찾아서 힘을 빼고 그것과 연합하세요. 계속 힘을 주고는 그 누구라도 살아낼 수 없습니다. 놓는 법, 쉬는 법, 힘을 빼는 법도 훈련이 필요합니다.

생에 고통이
찾아올 때

혼자서는 견디기 버거운 고통이 찾아왔을 때, 그 어려움의 터널을 지날 때는 반드시 가족 안에 공통의 통로를 만드시는 것이 좋습니다. 어릴 적에 엄마가 저에게 아버지의 장애에 대해 먼저 이야기해주었더라면 좋았을 것 같다는 생각을 종종 합니다. 그 상처를 가족이라는 광장으로 한 번 가지고 나와서 얘기했으면 좋았을 텐데, 생각하곤 합니다. 세상엔 어디에나 슬픔이, 고통이 있습니다. 슬픔이 슬픔이라는 칸 안에 있으면 참 좋은데, 그 칸을 정해놓지 못하니 슬픔과 사람이 뒤범벅됩니다.

그렇게 시간이 지나면 감정의 구획이 사라집니다. 이게 슬픈 건지 화가 나는 건지 속상한 건지, 뒤섞인 감정들 때문에 혼란스럽고 괴롭습니다. 감정에 저마다 칸이 있어서 내가 느끼는 감정이 어디에 속하는지 명확하게 알 수 있으면 참 좋겠다는 생각을 자주 합니다. 아버지의 장애에 대해 가족들과 공론화했으면 그게 어느 칸이든 하나의 칸 안에 있었을 것 같습니다. 슬픔이든지 안타까움이든지. 그랬다면 정리가 되니 다음 단계로 나아갈 수 있었을 것입니다. 그런데 가족끼리 그 이야기는 하지 않고 피하기만 했습니다. 그러니 이 감정이 뭔지 정확히 알지 못하고 세월을 보내게 된 것입니다.

어려움이 생기면, 사건이 생기면, 가족 안에 통로를 만드는 것이 좋습니다. 마음과 마음이 만나는 것은 어려운 일이거든요. 함께 대화를 나누든 눈물을 나누든 그것이 뭐든 통로를 만든다는 건 어마어마한 일입니다. 그렇지 않으면 가족끼리 서로 "잘 잤냐", "밥 먹었냐" 하는 말밖에는 할 말이 없게 됩니다. 과거의 문제는 있는 그 자리에 그대로 머물러 있는데 이미 각자 그 지점에서 너무 멀리 와 버렸거든요. 시간이 지나면 "이젠 괜찮다"고 말하지만 사실 그 슬픔은 여전히 같은 모양을 하고 모든 관계에 영향을 미칩니다.

저는 그 통로가 없었기 때문에 가면을 쓰는 방식으로 삶을 살게 됐습니다. 집 안의 정리되지 않은 감정의 분위기를 마주치고 싶지 않아 감추려고만 하다 보니 친구들과도 그런 이야기를 하지 않았고, 그런 감정에 눌리고 싶지 않아서 계속해서 스스로 텐션을 올렸습니다. 밝은 척, 센 척, 다 아는 척. 그러고는 휘황찬란한 옷을 입고 풍선을 든 광대처럼 입에 빨간색을 칠하고 사람들을 대했습니다. 변장으로 자신을 감춘 거죠. 그런데 그런 사람과 편안하게 지내는 데에는 한계가 있거든요. 무엇보다 그런 상태로 내가 편안할 수 없습니다.

억지로 기분을 끌어올리려 하지 마세요. 그냥 분위기의 흐름대로, 내 느낌대로 흘러가게 두세요. 분위기가 어두우면 어두운 대로 두세요. 안 되는 시기를 조급하게 받아들이지도 마시고요. 뭘 해도 잘 안 되는 시기가 있습니다. 겨울처럼 차갑게 압도하는 삶의 스산함을 조급해하지 말고 받아들여보세요. 늘 여름일 수는 없습니다. 삶은 대한민국처럼 사계절로 되어 있어요. 그러니 늘 겨울일 수도 없습니다. 너무 갑자기 이겨내려 하지 마세요. 당신이 지금 겨울을 지나고 있다면 분명 곧 봄이 올 거예요. 혹한 끝에 찾아온 봄이 더 반가운 법이잖아요. 겨울이 주는 메시지에 귀를 기울여보세요.

동굴이 필요한
사람

　사람들은 제가 굉장히 유쾌하고 명랑한 성격이라고 생각합니다. 하지만 밖에서는 밝고 안에서는 우울합니다. 고등학교 때부터 별명이 잠수함이었어요. 기분이 가라앉으면 모든 연락을 끊고 잠수를 타버렸기 때문입니다. 자기 동굴 속으로 들어가서 아무와도 만나지 않아요. 이제는 아이들이 제 기질을 닮을까 봐 걱정이 되기도 합니다.

　사람이 아프고 힘들 때 그걸 치료하는 방식은 두 부류로 나뉩니다. 하나는 집단 속에서 치유를 받는 방식입니다. 원숭이나 사자처럼 무리를 지어 사는 동물들은 서로 어디가 안 좋은지 금방 압니다. 그래서 서로 핥아주고 돌봐주면서 집단 안에서 치료해줍니다. 이처럼 아플 때 사랑하는 사람들 속에서 치유받는 사람이 있습니다.

　반면에 타인에게 나의 상처를 보여주지 않는 사람이 있습니다.

이런 사람들이 자신을 치료하는 방식은 깊은 동굴로 들어가 숨어 버리는 것입니다. 표범 같은 동물이 그렇다고 합니다. 상처를 입거나 병이 생기면 아주 깊은 숲이나 동굴로 들어가 가만히 있습니다. 심지어 먹지도 않지요. 그렇게 어두운 동굴에 고요히 있으면 자연스럽게 명상의 상태에 이르러 본연의 들숨과 날숨으로 호흡합니다. 그리고 생각이 지금 이곳에만 있어요. 그럴 때 호흡이 가장 잔잔해지거든요. 호흡이 잔잔해지면 뇌와 몸이 모든 기능을 온전하게 수행하게 되어 잔병을 가장 빨리 치유할 수 있는 상태가 된다고 합니다. 이게 명상의 효과입니다. 홀로 지내는 야생동물은 정말 심하게 다치거나 병들었을 때 그냥 그 동굴에서 고요히 죽음을 맞이한다고 합니다. 이런 특징을 가진 사람은 마음의 상처를 누구에게도 보여주지 않고 스스로 핥아 치료합니다. 이렇게 남녀를 불문하고 동굴이 필요한 사람이 있습니다.

이건 그냥 치유의 방법이 다를 뿐이에요. 뭐가 더 낫고 뭐가 더 나쁘고는 없거든요. 당신의 기질 자체가 무엇이냐에 맞춰 선택할 문제지요. 그런데 문제는 동굴에 들어가서 너무 오랜 시간을 보내거나 동굴에 들어가는 자신을 자책하는 것입니다. 자신이 동굴 타입도 아닌데 동굴에 들어가는 경우도 주의해야 합니다. 동굴의 어둠을 편하게 생각하는 사람이 아닌데, 사람에게 상처를 받아서 숨어버리듯 들어가는 것이라면 치유될 수 없습니다.

그럴 때는 진정성을 가진 전문가를 만나야 합니다. 상처 난 인간을 치료할 수 있는 것은 진심과 전문성이라고 생각해요. 마음만 있다고 안 됩니다. 자상한 돌봄만 가지고 해결되지 않습니다. 그렇다고 전문성만 있어서도 안 됩니다. 마음 없는 전문성은 차가운 칼과 같습니다. 전문적인 지식만 있을 뿐 상처에 공감하지 못한다면 결코 상처를 치유할 수 없어요. 오히려 상처를 덧나게 할지도 모릅니다. 도움이 될 만한 책을 읽는다든지, 관련된 모임을 찾아간다든지, 신앙을 가진다든지, 미술치료나 음악치료나 상담 등 전문기관의 도움을 받으십시오.

반대로 본인이 동굴 타입이라면 동굴로 들어가는 본인을 이해해야 합니다. 그래야 더 빨리 나오거든요. 동굴로 들어가면서 '나 이렇게 하면 안 되는데, 이렇게 하면 결국 인간관계 다 깨지는데', '나 이렇게 잠수 타면 사람들이 싫어할 텐데' 하고 자책하는 게 더 안 좋습니다. 동굴로 들어간 나를 이해해야 더 늦지 않은 시기에 동굴 밖으로 나올 수 있습니다. 자책하면 오히려 나오는 시기만 늦어질 뿐입니다.

삶이 매일 행복할 순 없지만…

저는 그 동굴에 오래 살았어요. 동굴 속에서 살다가 밖에 나와서 만나야 할 최소한의 사람만 만나고 다시 동굴로 들어가고, 또 나와서 할 일을 하고 다시 내 동굴로 들어가고, 그렇게 살았습니다. 그러다 어느 순간 정상이 아니라는 걸 몸으로 느끼기 시작했습니다. '아, 뭔가 문제가 있다.' 인지는 했지만 그때 제가 하는 일이 잘되고 있었거든요. 이것이 굉장히 위험한 착각입니다. 일이 잘된다고 내 영혼이 반드시 건강한 것은 아니에요. 내 일의 성공이 내 영혼의 건강함과 반드시 동일하지는 않습니다. 우리는 돈을 잘 벌고 잘나가면 괜찮다고 착각합니다. 바쁘게 살면 아주 잘 살고 있다고 생각해요. 그래서 누군가를 만나면 예의상 "바쁘시죠?"라고 묻습니다. 우리 사회에선 그 말이 칭찬과 인정의 뜻으로 쓰입니다. 그때는 저도 그랬습니다. 제가 하고 있는 일은 계속 순조로운 성장 그래프를 타고 있었으니까요.

그런데 어느 날 이런 물음과 답이 찾아왔습니다.

'삶이 매일 행복할 순 없지만 나는 행복을 느낀 지 오래되었다. 사람이 매일 재미있을 순 없지만 나는 재미를 느낀 지 오래되었다. 그렇다면 이것은 문제다.'

문제를 인식했다 해서 바로 동굴 밖으로 나올 수는 없었습니다. 하지만 제 지인들에게 "내가 행복하지 않다"는 고백을 하면서부터 그들의 손을 잡고 때로는 그들의 어깨에 기대어, 그렇게 의지해 동굴 밖으로 나올 수 있었습니다.

동굴에 너무 오래 머물지 마세요. 어둠에 길들어버립니다. 어둠에 길들면 밝은 데로 나오는 게 불편해집니다. 그러니 어두운 동굴에 들어가서 가만히 쉬다가 마음의 힘이 조금이라도 생기면 점차 빛이 있는 곳으로 나와 만남을 가져보기를 바랍니다. 완전히 홀로 있지 마시고, 책도 읽고 강연도 듣고 좋은 영상을 찾아보고 콘서트도 가고 영화도 보고. 이런 만남을 가져보십시오. 굳이 애를 써서 새로운 걸 해보고, 억지로 사람들을 만나라는 것이 아니에요. 사실 사람을 만나는 건 제일 어려운 단계입니다. 사람들에게 "나 힘들어요. 도와주세요"라고 말할 수 있는 건 어느 정도 단계를 지나 힘을 얻었을 때 가능합니다. 그러니 사람을 일대일로 만나기 전에 당신을 노출할 필요가 없는 그런 장소에서 사람들과 연결되세요.

물론 혼자 있는 시간은 누구에게나 필요합니다. 최소한의 명상을 하며 충전을 하고 고요함 속에서 쉴 시간이 말입니다. 그런데 홀로 동굴 속에 있는 시간이 너무 오래됐다고 스스로 느낀다면, 그대로 있지 마시고 마음에 조금이라도 힘이 생겼을 때 동굴 밖으로 나오세요.

변 화 를 　위 한 　작 은 　제 안

동굴 안에 누군가가 있다면, 동굴 밖에도 누군가가 있기 마련입니다. 아내, 남편, 부모 등 대개 동굴 밖에 있는 사람은 동굴에 들어간 이가 빨리 나오기만을 바랍니다. 좀 기다려주면 좋은데 어디서 쇠꼬챙이를 찾아와서 끄집어내려고 하거나 뜨거운 물을 붓기도 합니다. 아니면 아예 나오지 말라고 동굴 입구를 콘크리트로 막기도 합니다.

이 동물은 상처를 입어서 쉬려고 들어갔는데 쇠꼬챙이로 찌르거나 뜨거운 물을 부어버리면 어떻게 될까요? 저항을 하면서 안으로 더 깊숙이 들어가버릴 겁니다. 점점 어둠에 익숙해져 박쥐가 될지도 모릅니다. 밖이 어두워질 때만 나오고 밝아지면 다시 동굴로 들어가는 박쥐 말입니다.

박쥐의 삶을 나쁘다고만 할 수는 없을 겁니다. 다만 당신이 그렇게 살아왔다면 그게 진정 마음에 드는지 묻고 싶은 것입니다. '좋다' 하면 그렇게 사는 거죠. 그런데 그게 아니라면 동굴의 삶을 정리해야 할 때입니다.

동굴 밖의 사람들에게는 이렇게 말씀드리고 싶습니다. 동굴은 자기 의지로만 나올 수 있습니다. 답답하고 안타깝고 돕고 싶겠지만, 그 도움을 자신에게 주세요. 내가 힘이 나고 좋아지는 방향으로 시간과 에너지와 돈을 쓰십시오. 이 문제를 해결하기 위해서 쓰지 마시고요. 어쩌면 장기전이 될지도 모릅니다. 그러니 내 건강을 지키며 이 시간을 버티는 것입니다. 억지로 어떻게 해보려고 하다가 더 큰 사태가 벌어질지도 모릅니다. 내가 좋아하고 행복한 일을 하면서 건강하게 살다 보면 그 시기가 지나갈 것입니다. 우리에게 필요한 건 이 시기를 함께 잘 견뎌주는 것입니다.

3장

셀프이스팀

나를 사랑하라

셀프이스팀 Self-esteem

자신을 존중하고 사랑하는 마음

자존감을 영어로 하면 셀프이스팀이라고 합니다.
이스팀은 '중요하게 여기다', '존경, 존중하다'는 뜻인데,
여기에 셀프가 붙으니까 명확한 의미가 되죠.
나를 사랑하는 것, 자존감은 오직 나에게 달렸습니다.
자존감이 낮은 사람들은 타인의 칭찬에 목말라해요.
하지만 아무리 그 물을 마셔도 갈증은 사라지지 않을 거예요.
내가 나를 소중하게 여기고 배려하고 위로하지 않으면
자존감은 결코 형성되지 않습니다.

나 자신으로
존재하기

사람은 누구나 다양한 면을 갖고 있습니다. 저도 마찬가지입니다. 강연할 때는 외향적이고 사교적인 모습을 드러내지만 사실 저는 낯을 많이 가리는 사람입니다. 새로운 사람과 만나는 걸 그리 좋아하지도 않고 잘하지도 못합니다. 어렵고 쑥스럽고 피곤합니다. 그러다 보니 친구도 별로 없고 친한 형, 동생도 많지 않습니다. 주변엔 주로 저를 선생님이나 코치로 여기고 찾아와 뭔가를 배우거나 상담하는 이들이 대부분입니다. 제 하루는 그들과 만나는 것만으로도 벅차고 바쁩니다. 일을 마치고 나면 지쳐 쓰러져 잠들고, 일어나면 다시 또 일을 하고, 그런 일상의 반복으로 지금까지 살아온 것이죠. 평소의 모습대로 살지 못하다 보니 정신적으로 문제가 생겼어요. 10년 전에 한 번, 5년 전에 한 번, 심각한 우울증과 무기력, 공황장애가 찾아왔습니다.

쓸데없는 힘을 빼고 대면해보세요

'나는 어떤 사람인가?'

사실 제가 비사회적 인간이라는 것을 알게 된 지 얼마되지 않았습니다. 사람들과 어울리는 걸 힘들어하고 싫어하고 원하지 않는 사람이라는 것을 알았습니다. 자존심이 센 사람이나 자기 이미지가 중요한 사람에게는, 지금까지 인생에서 스스로 쌓아온 자신만의 이미지가 있습니다. 그리고 그것을 바꾼다는 것은 죽음과도 같은 일입니다. 하지만 거기에 너무 얽매여선 안 됩니다. 만들어진 모습이 아닌, 있는 그대로 자신의 모습을 되찾으려는 노력. 그것이 우리가 잘 나이 들어갈 수 있는 시작점입니다.

'내 모습을 인정하고 받아들일 힘이 있는가.' 소통을 직업으로 가진 저 같은 사람이, 스스로 비사회적 인물이라는 것을 인식하고 받아들일 수 있는가 하는 중요한 문제로 다가왔습니다. 고맙게도 최근에 이것을 받아들일 수 있게 되었습니다. 그동안은 '내가 회복하면 다시 괜찮아질 거야. 지금은 슬럼프라 잠깐 그러는 거야. 좋아지려면 더 애를 써야 해'라며 스스로를 몰아갔지만 이제는 압니다. 이 모습 그대로가 나 김창옥이라는 것을.

최근에 〈폼나게 가자, 내멋대로〉라는 방송 프로그램에 출연했습니다. 자연스럽게 멤버들과 어우러져야 하는 방송인데, 저는 직업적으로 선생질이 습관처럼 굳어져 있는 사람입니다. 사람을 보면, 그 사람의 있는 그대로를 받아들이기보다 평가하기 시작합니다. 이렇게 하면 좋아질 텐데, 저렇게 하면 나아질 텐데 하고 생각하며 그 사람을 대합니다. 김창옥 자체로는 사람들과 관계 맺은 지가 너무 오래되다 보니 '김창옥 강사'로서 사람을 대하게 되는 거지요.

제안을 받았을 때, '그래, 내 모습 그대로 관계를 맺어보자' 하는 결심에서 덥석 수락했습니다. 저 나름대로는 알을 깨고 세상에 나가는 결의였습니다. 연예인이나 방송인이 되고 싶었던 것도 아니었습니다. '강사나 교수라는 수식어 없이 내가 과연 사람들과 잘 어우러질 수 있을까' 하는 삶의 도전이었습니다.

방송을 녹화하면서 처음으로 깨달은 게 있습니다. 저는 제가 막내로 자라면서 하고 싶은 대로 하고 살았다고 생각했는데, 그게 아니었습니다. 저는 실질적으로 집안의 가장 역할을 했습니다. 강의할 때도 서너 시간 동안 사전 진행자 없이 혼자서 진행합니다. 관객들이 웃을 때도 저는, 겉으론 웃고 있지만 제3의 눈으로 보면서 계속 저에게 지시합니다. "말 한마디 할 때마다 조심해. 표정도 조심해. 진심으로 해. 그렇지만 분위기까지 어두워지면 안 돼." 수년간 강의를 해오면서 계속 이렇게 시스템을 가동한 것입니다. 이제는 거의 습관이 되었지요. 그런데 이 프로그램을 찍으면서 '아, 나는 동생처럼 누군가에게 기대본 적이 오래됐구나' 하고 느꼈습니다. 강의는 제가 기획도 하고 사회도 보고 내용도 풀고 의미도 전해야 합니다. 스스로 모든 걸 돌보고 책임지려 하는 게 몸에 배어 있었던 거지요. 그게 너무 오래 지속되다 보니 때론 기대고 의지하는 아이의 모습은 잃어버린 것입니다. 저뿐만 아니라 세상을 장남처럼 장녀처럼 사는 사람들이 있습니다. 이들은 보기에는 어른스럽고 일 처리도 똑 부러지지만 마음에는 병이 있는 경우가 많습니다.

무게를 내려놓고
그냥 '나'로 존재하기

　프로그램 첫 촬영을 시작하는데, 이승철 씨가 사회자가 되어 저에게 이렇게 말했습니다.

　"창옥아, 넌 그냥 놀아, 재밌으면 반응하고."

　그 말을 듣자마자 저를 짓누르던 마음의 무게에서 벗어날 수 있었습니다. 꾸미지 않은 원초적인 제 모습이 나오기 시작했습니다. 강연에서 제가 하는 모든 내용들이 진실하지 않은 것은 아니지만 모두 어떤 '의도'를 가지고 있습니다. 판을 짜고 자연스럽게 흐름이 이어져야 하니 철저한 계산 안에서 움직입니다.

　어느 날부턴가 청중들이 웃어주고 울어줘도 제 자존감이 더 이상 올라가지 않았습니다. 그저 일이 잘 되어 다행이라는 마음뿐이었습니다. 저는 직업으로 강연을 하고 판을 꾸리는 사람이니까요.

다행이다, 딱 그만큼의 마음만 들었습니다. 그러니 행복하지 않더군요. 그런데 이 방송에선 제가 의도를 가지고 웃음을 기획하고 연출할 필요가 없었습니다. 순수한 나 자신을 누군가가 알아봐주고 계속 웃어주는 신기한 경험이었습니다.

촬영을 할 때마다 시나브로 자존감이 올라가는 느낌이 들었습니다. 이런 기분을 느낀 지 적어도 5년은 된 것 같았습니다. 내가 의도하지 않고 연출하지 않고 나 자신으로 있는데, 그 자체로 사랑받는 상황을 경험하니 그동안 저를 짓눌렀던 무언가로부터 해방되는 느낌이었습니다.

사람마다 그런 때가 찾아올 것입니다. 각자 지니고 있는 삶의 무게를 잠시나마 내려놓을 수 있는 시기. 저처럼 여러분도 가지고 있는 그 무게감을 잠시라도 놓을 수 있기를 바랍니다. 삶을 편하게 대하지 못하는, 저처럼 장남 장녀 콤플렉스를 가진 분들께 그 무게를 내려놓고 자기 자신으로 존재하시라고 말씀드리고 싶습니다. 우리에게 이렇게 말해줄 누군가가 있었으면 좋겠습니다. "걱정하지 마, 내가 할게, 넌 그냥 따라와." 그래서 역할에 맞는 모습이 아닌 진짜 내 모습으로 한 번은 살아봤으면 좋겠습니다. 아버지, 형, 누나, 언니, 사장님, 선생님… 이런 역할을 잘 수행하는 내가 아니라 순수한 나 자신을 찾을 수 있으면 좋겠습니다. 어쩌면 사람들이 그 모습을 아주 사랑스럽게 봐줄지도 모릅니다.

자존감은
셀프입니다

사람에게는 자신감과 자존감이 있습니다. 자신감은 스스로 잘났다고 믿거나 잘해낼 수 있다고 여기는 마음입니다. 나보다 더 잘난 사람을 만나면 쉽게 꺾여버리고 마는 것이 자신감입니다. 반면 자존감은 내가 소중하다는 마음입니다. 더 잘난 비교 대상이 있다 하더라도 '비록 내가 조금 부족하지만 나는 소중해'라는 마음입니다.

자본주의 사회에서는 인간의 가치를 숫자로 매깁니다. 자신의 가치를 확인받는 수단으로 비싼 외제차를 타거나 고급 시계를 차는 이들이 있습니다. 값비싼 차에서 내리면서 괜히 한번 시계 찬 손목을 쓱 들어보는 등 자신의 가치를 드러내기 위해 몸에 쓸데없는 힘을 잔뜩 주고 생활합니다. 그런데 자존감으로 자신을 가꾸는 사람은 물질적 성과로만 자신을 입증하지 않습니다. 핸드백이나 차, 연봉, 외모, 인기, 몸매 따위를 자신의 전부로 여기지 않습니다.

어차피 시간이 지나면 모든 사람은 죽고, 죽음 이후에 그 무엇도 가져갈 수 없습니다. 아마 가져갈 수 있는 것은 추억뿐이겠지요. 하지만 우리는 자본주의 사회를 살며 물질과 숫자로 타인과 나 자신을 쉽게 판단합니다. '넌 나보다 나이도 어린데 나보다 돈을 훨씬 많이 버는구나.' 그러면 그 사람은 대단한 것 같고 나는 아무것도 아닌 것 같은 좌절감에 빠집니다.

열등감의 굴레에서
벗어나려면

저도 괜한 자존심의 기둥을 제 안에 세웠던 때가 기억납니다. 어린 시절 저는 모든 사람이 다 똑같다고 생각했습니다. 그런데 어느 날 집에 놀러온 친구가 저에게 이렇게 말했습니다. "야, 너희 아버지 왜 말하는 게 이상하시냐?" 청각장애가 있는 아버지는 말씀하시는 게 일반인과 달랐습니다. 발음도 명확하지 않고 소리도 세게 내셨거든요. 그때 제 마음이 딱 얼어버렸습니다. 사람은 어린 시절 티 없이 맑았다가도 어느 날 세상이 나와 똑같지 않다는 사실을 알아버리는 순간 순수함을 잃습니다. '나는 이 대학 나왔는데 저 사람은 유명한 대학 나왔구나.' '나는 취직도 간신히 했는데 저 사람은 자기 사업을 성공시켰구나.' '나는 학자금 대출 받고 학교 다녔

는데 저 사람은 부모가 유학까지 보내주는구나.'

'다르구나.'

다른 것이 틀린 건 아닌데, 그때는 그걸 몰랐습니다. 그래서 '난 다르구나. 그러니까 난 틀렸구나. 그래, 난 열등해' 하고 생각했습니다. 대학에 들어가서 나의 다름을 만회하고 싶었는데 두 번 떨어지고 나니 이제 그만 살고 싶어지기까지 했습니다.

한번은 제 강연에 삼수한 대학생이 왔는데 자신이 예전과 다르다면서 과거의 자신을 되찾고 싶다고 했습니다. 스물둘, 생각이 깊은 청년이었습니다. 삼수를 하는 동안 내면이 성숙한 것이지요. 그 기간 동안의 상처와 깨달음, 현역들은 누구도 알 수 없을 겁니다. 자신이 원하는 대학에 한 번에 들어간 사람과 한 번 거절당하고 또 거절당해본 사람은 다릅니다. 하지만 거절당했다고 생각하지 마세요. 그냥 '때'가 아니었을 뿐입니다.

지금은 이렇게 말하지만 그 당시 저도 그랬습니다. '대학에 연거푸 떨어진 실패자'가 곧 '나'라는 생각이 들었습니다. 어떤 사람은 '이혼한 나'가 자기 모습의 전부라고 생각해요. 어떤 이는 '사업에 실패한 자신'을, 또 누구는 '직장을 잃은 자신'을 내 존재 자체로 규정해버립니다. 그렇게 자기 가치를 떨어뜨리고 스스로 자신을 낮춰 생각합니다.

제가 사수 끝에 겨우 경희대 성악과에 합격했을 때 '우와. 나 이

제 진짜 대학생! 열등감 끝!'이라고 생각했습니다. 하지만 대학 안에서 열등감은 더 심해졌습니다. 동기들은 대부분 예고를 나왔고 저는 공고를 나왔습니다. 그들에 비해 저는 기본기도 실력도 떨어졌습니다. 열등감에 끝은 존재하지 않았습니다.

자존심. 쓸데없이 힘든 마음을 안고 사니, 꽃을 봐도 꽃이 안 보이고 하늘을 봐도 하늘이 안 보이고 사람을 봐도 사람이 안 보였습니다. 나중에 상황이 나아지면 열등감도 사라질 거라고 생각하지만 자존감은 그렇게 회복되는 것이 아니었습니다.

내 상황이 괜찮으면 내가 나를 괜찮다고 생각하고, 내 상황이 안 괜찮으면 나를 안 괜찮다고 생각하는 것, 아주 심각한 문제입니다. 그 기준은 우리가 서로를 평가할 때도 자기 스스로를 평가할 때도 매우 나쁜 방식입니다. 진실로 죽음의 순간에 이르면 절대 삶은 그렇게 평가되지 않는다는 걸 깨달을 것입니다. 그러니 아무것도 아닌 상태 그대로 나를 받아들이고, 나 스스로와 잘 관계 맺는 방식으로 오늘을 살아야 합니다. 그래야 삶이 잘 풀립니다.

강의를 잘하지 않아도 나는 나로서 소중하다는 것을 최근에서야 깨달았습니다. 사람들이 제 강의를 듣고 웃으며 위로와 힘을 얻어가야만 제가 가치 있다고 생각했거든요. 그러니 매 강의 때 사람들의 반응에 따라 제 자존감이 위로 아래로 요동을 쳤습니다. 자존감이 낮은 사람은 행복을 느끼거나 누군가로부터 존중받을 때 오히려 불안해합니다. 기본적으로 내가 그럴 만한 존재라고 생각하지 않기 때문이지요. 그러나 스스로를 신뢰하고 무얼 굳이 하지 않아도 사랑받을 만한 가치가 있다고 여기는 사람은 행복해도 불안을 느끼지 않습니다.

저는 제가 하는 일이 잘되느냐 안 되느냐로 제 자존을 평가했습니다. 일이 잘돼도 늘 불안했습니다. 그렇게 쫓기듯 살았습니다. 하지만 지금은 압니다. 내가 강의를 잘하지 않아도 그저 내 존재만으로도 소중하다는 것을요. 그때 비로소 자유로울 수 있다는 사실을요.

부모로부터 받은
자존감의 유산

자존감은 어릴 적 부모로부터 받은 칭찬과 눈빛으로부터 형성된다고 합니다. 사람의 얼굴 안에는 지금껏 살아오면서 그 사람을 봐준 부모의 표정이 들어 있다고 합니다. 강의를 들으러 오신 분 중 이목구비가 돋보이는 건 아닌데 눈에 쏙 들어오게 예쁜 분이 있었어요. 그래서 제가 어렸을 때 무슨 말을 듣고 자랐는지 물어봤어요. 그랬더니 지금 이십 대인데 아직도 아버님이 "우리 공주님, 우리 공주님" 그러신대요. 그 얘기를 하면서 활짝 웃는데 순간 주변이 다 밝아지는 것 같았습니다. 반면에 연예인처럼 얼굴이 예쁜데 인상은 어두운 분을 본 적이 있어요. 그분께 어린 시절 주로 어떤 칭찬을 들었는지 여쭈어보았더니 그다지 칭찬을 받으며 자라지 않았다고 합니다. 사람은 자신을 불러준 대로 그렇게 자랍니다.

정말입니다. 우리가 어릴 적 어려운 일을 당했을 때 부모가 혹은 주변 사람이 어떻게 반응해주었느냐에 따라 내 자존감의 기본기가 닦입니다. 어떤 방식으로든 '넌 존재만으로 충분히 사랑받을 만한 사람이야'라는 메시지를 받았다면 아이는 '나는 소중한 사람'으로 자신을 내면화할 것이고, 어떤 방식으로든 '넌 충분하지 않아'라는 메시지를 받았다면 아이는 '나는 무능한 사람, 나는 사랑받을 자격이 없는 사람'으로 자신을 내면화할 것입니다.

자존감은
스스로 회복할 수 있습니다

어쩌면 여러분에게 자존감의 기본기가 별로 없을지도 모릅니다. 저도 그랬습니다. 부모로부터 물려받은 자존감의 유산이 그리 넉넉한 편이 아니었습니다. 하지만 여러분에게 꼭 드리고 싶은 말이 있습니다. 자존감은 어린 시절에 완전히 결정되는 것이 아닙니다. 커가면서 자존감을 성장시킬 수도 있고 갉아먹을 수도 있습니다. 하나의 진실만 아시면 됩니다. 우리의 소유나 사회적 환경, 즉 우리가 처한 가변적인 모든 것들과 비교할 수 없을 만큼 스스로가 매우 괜찮은 존재라는 진리 말입니다. 지금 나의 형편과는 관계없습니다. 만약 사정이 안 좋다고 생각할 때 나를 받아들여주지 않으면, 나중에 사정이 좋아지더라도 그것보다 더 좋은 상황을 계속 비교하면서 살게 됩니다. 그러니 지금 괴롭다면, 이때를 온전히 살아내는 훈련을 하십시오. 그저 소소하게 내 소리를 찾고, 내 길을 가십시오. 설령 내가 부모에게 그런 사랑을 경험하지 못했다 하더라도 우리 모두는 귀합니다. 이것이 제가 강연을 통해 이야기하고 싶은 핵심 가치입니다.

변 화 를 위 한 작 은 제 안

자존감을 영어로 셀프이스팀이라고 합니다. 이스팀은 '중요하게 여기다', '존경, 존중하다'는 뜻인데, 여기에 셀프가 붙으니까 명확한 의미가 되죠. '물은 셀프'라고 붙어 있는 식당에선 내가 물을 가져다 먹지 않으면 아무도 안 가져다주잖아요. 자존감은 결국 나에게 달렸습니다. 자존감이 낮은 사람들은 타인의 칭찬에 목말라해요. 하지만 아무리 그 물을 마셔도 갈증은 사라지지 않을 거예요. 셀프가 아니었잖아요.

내가 나를 소중하게 여기고 배려하고 위로하지 않으면 자존감은 결코 형성되지 않습니다. 내 모습 그대로를 인정하지 않으면 사랑할 수 없고, 나에 대한 최소한의 사랑이 없으면 나 자신을 인정할 수도 없습니다. 그러면 내 삶에 온갖 핑계를 대기 시작합니다. 내가 원래는 이런 사람이 아니었다는 핑계. 가족과 세상이 나를 이렇게 만들었다는 핑계. 자신을 받아들이지 못하며 내 인생에 계속 핑계를 대며 사는 그런 슬픈 삶은 살지 않으셨으면 좋겠습니다. 기억하세요. 자존감은, 셀프입니다.

내 인생의
커피 반 잔

테렌스 데 프레의 《생존자》는 제2차세계대전의 홀로코스트에서 살아남은 생존자들에 대한 책입니다. 책에는 이런 이야기가 있습니다. 폴란드에 위치한 아우슈비츠는 겨울이면 살인적인 추위가 찾아오는데 강제수용소에서 오후에 따뜻한 커피 한 잔을 주었습니다. 말이 커피지 그냥 악취가 나는 따뜻한 물이었습니다. 하지만 너무 춥고 먹을 것도 거의 없었기 때문에 사람들은 그것마저 굉장히 고맙게 여겼습니다. 커피 한 잔이 주어지면, 대부분의 사람들은 받자마자 온기가 가시기 전에 얼른 마셨습니다. 그런데 그중 극소수의 사람들은 반만 마시고 남은 반으로는 얼굴과 손을 씻었습니다. 강제수용소에는 샤워는 물론 세수도 할 수도 없었고 대소변을 해결할 화장실조차 제대로 없었습니다. 포로들을 냄새나고 더러운 몰골로 만들어 학살할 때 드는 죄책감을 최소화하기 위한 것이었습니다.

어차피 이미 더럽고 냄새나는 몸이었고 손과 얼굴만 닦는다고 달라질 것도 없지만 남은 반 잔의 커피물로 손과 얼굴을 씻은 사람은 이렇게 말했습니다.

"독일인들은 우리를 짐승보다 못한 취급을 하지만 나는 짐승이 아닙니다. 존귀한 사람입니다. 그래서 저들에게 항거하는 것입니다. 나는 고결한 인간이라고, 짐승이 아니라고. 그리고 나는 꼭 여기서 살아나갈 것입니다. 그래서 독일인들이 우리 유대인에게 어떤 짓을 했는지 전 세계에 알릴 것입니다. 설령 이 어두운 곳에서 죽어나가더라도 저들이 취급하는 짐승처럼 살다가 죽지 않을 것입니다. 내가 할 수 있는 범위 안에서 나는 인간으로 존재할 것입니다."

그 말을 듣고 사람들은 비웃었습니다. 하지만 커피 한 잔을 다 마셨던 사람들은 강제수용소에서 생을 마감했으나 커피 반 잔으로 인간성을 지켰던 사람은 살아남았습니다. 인간이 극한 상황에 처했을 때 먹을 것이 없어서 죽는 것이 아니라 절망하기 때문에 죽는다고 합니다. 이처럼 자존감이 높을수록 어려움을 견디는 힘이 더 강해집니다.

어느 날 삶이 수용소 같다고
생각할 때가 있습니다

원하던 직장이었는데 그 직장이 수용소같이 느껴질 때가 있고, 너무 서고 싶던 무대였는데 시간이 지나니 내 시간을 다 빼앗기는 기분이 들 때가 있습니다. 결혼하고 아이를 낳아 행복하다고 생각했는데 어느덧 그 삶이 수용소 같다는 생각이 들 때도 있습니다.

그걸 이기게 하는 힘은 대단한 게 아닙니다. 아우슈비츠에서 주어졌던 커피는 양질의 커피가 아니었습니다. 그저 악취 나는 따뜻한 한 잔의 물에 불과했습니다. 그런데 하루에 한 잔 주어지는 그 커피를 반만 마시고 반으로는 자신의 자존감을 씻어 지킨 것입니다.

내가 소중하다는 것을 확인하는 데 반드시 돈과 시간을 쓰셔야 합니다. 많지 않아도 내게 주어진 선에서 꼭 절반 정도 자신에게 써보십시오. 이유는 단 하나입니다. 우리는 소중하기 때문입니다. 어느 학교를 나왔는지, 얼마나 유명한지, 얼마만큼 돈을 버는지, 남자인지 여자인지 상관없이 당신은 소중합니다. 너무 일만 하지 마시고, 너무 가족만 돌보지 마십시오. 너무 주변만 신경 쓰지 마시고 자신을 위해 반 잔의 커피를 남겨두십시오. 대단하지 않은 일 같지만 나비효과처럼 작은 날갯짓도 반드시 삶의 태풍이 될 것입니다.

전쟁터나 다름없는 직장에서도 '커피 반 잔'이 필요합니다. 세릴 리처드슨이 쓴 《내 삶을 바꾸는 52주의 기록》을 보면, 직장에서 자기를 돌보는 방법들이 소개되어 있습니다. 그중에 적용해볼 만한 두 가지를 소개합니다.

하나, 매일 점심을 먹은 후에는 일과 관련 없는 무언가를 하며 잠시 시간을 보냅니다. 잠시 산책을 한다든가, 5분간 눈을 감고 숨을 고른다든가, 책을 몇 장 읽습니다.

둘, 매주 '숨 쉬는 시간'을 가집니다. 그 시간에는 나의 가치우선순위를 체크하면서 지금 정말로 나에게 중요한 일에 시간을 보내고 있는지를 점검합니다.

숨을 고르며 스스로를 소중하게 대하는 시간을 꼭 가지십시오.

변화를 지속하려면
관성의 속도를 이해하라

우리는 좋은 자극을 받으면 변화를 시도하곤 합니다. 강의를 듣든 책을 읽든 사람을 만나든, 긍정적인 자극을 받고 의욕에 차올라 당장 내 삶을 바꾸고 싶을 때가 있습니다. 하지만 우리의 몸은 과거의 패턴을 기억하고 있기 때문에 한 번에 바꾸려 하면 이내 무너지거나 크게 저항합니다. 지금까지 내가 살아온 삶의 속도가 있는데 어느 날 좋은 것을 인지했다 해서 금방 바꿀 수도 없고 바뀌지도 않습니다. 빠르게 가다가 갑자기 느려질 수도, 느리게 가다가 갑자기 빨라질 수도 없습니다. 살아왔던 방식이 변화하려면 속도가 천천히 늦어졌다가 천천히 빨라졌다가, 다시 늦어졌다가 빨라지는 시행착오를 반드시 거쳐야 합니다. 그런데 대부분의 사람은 한 번 시도해보고 부작용이 심하면 지레 겁을 먹거나 포기하고 원래대로 돌아가버립니다.

변화를 시도했는데 안 되면 내 마음에서 셀프텔러가 이렇게 말합니다. "안 되네. 뭐, 내가 그럼 그렇지." 그리고 나중에 시도하는 사람을 보면 한마디 거듭니다. "야, 너 오래 못 간다. 내가 다 해봤다. 그거 하다가 결국 안 돼." 이렇게 점점 회의적이고 염세적인 삶을 삽니다.

관성의 법칙을 다스리며 천천히 변화를 시도한다 해도 주변에서 응원만 해주는 것은 아닙니다. 가족이나 친구, 직장 동료, 때론 일면식도 없는 사람이 "뭐 대단한 거 한다고 그러냐. 사람이 그냥 살던 대로 사는 거지" 하고 툭툭 던집니다. 가까운 사람일수록 이런 말을 하기 쉽습니다. 이때 만약 마음의 힘이 없으면, 의지가 부족하고 나에 대한 믿음이 부족하면 그 말에 주눅들고 예전보다 더 안 좋은 상태가 되어버립니다.

어떻게 단번에 바뀌겠습니까?

실수할 수 있고 실패할 수 있습니다. 반드시 시행착오가 있을 것입니다. 변화에는 용기가 필요하고, 그 용기를 만들어내는 요소는 여러 가지입니다. 용기라는 건 평상시 쓰던 에너지와는 다른 에너지입니다. 주변에 함께할 수 있는 좋은 친구가 있으면 수월합니다. 저 역시 혼자였다면 감히 이런 삶을 살지 못했을 것입니다. 새로운 시도를 하고 실패의 터널을 같이 지나와준, 기꺼이 저와 함께해준 사람들이 없었다면 저는 아무것도 하지 못했을 것입니다. 마음속에서 나약한 목소리가 들려올 때, 주변에서 비아냥거림과 비난의 소리가 들려올 때 저에게 이렇게 말해주는 사람이 있었습니다.

"한 번에 되는 것은 없다잖아. 그러니 너무 걱정하지 말고 해봐. 앞으로 5년, 10년 지나면 더 좋아지지 않겠어?"

제가 이룬 변화는 여유로운 태도로 함께해준 사람들이 있었기에 가능했습니다. 무리하게 삶의 방향을 틀면 사고의 위험성이 있습니다. 천천히, 커브길을 운전하듯 조금씩 시도하십시오.

변화를 위한 작은 제안

어떤 인식과 깨달음을 얻었다고 해서 바로 새로운 삶의 주기를 세우고 그에 맞춰 살려고 하진 마시길 바랍니다. 80퍼센트는 전에 살던 주기대로 사세요. 그리고 10퍼센트, 20퍼센트씩 조금씩 바꾸는 거죠. 그게 관성의 법칙에 지배당하지 않고 삶을 변화시키는 방법입니다. 한 번에 되지 않는다고 비난하지 말고, 누군가 나를 비웃어도 주눅 들거나 포기하지 마시고 내가 '좋다', '해보고 싶다' 생각하는 것을 꾸준히 하십시오.

좋아하는 일을
찾는 법

　좋아하는 일을 하며 사는 삶. 누구나 꿈꾸는 삶일 것입니다. 좋아하는 일을 하는 것은 우리를 성장시키는 길이자 우리가 가야 할 방향이라는 점은 누구나 동의합니다. 그런데 문제가 하나 있습니다. 내가 뭘 좋아하는지 잘 모른다는 것입니다.

　그럴 때는 아주 작은 것부터 시작하십시오. 자신이 좋아하는 일을 하나씩 찾아보세요. 나이가 든다고 다 어른은 아닙니다. 나이를 먹어도 아이로 남아 있는 사람이 많습니다. 어린 시절부터 자신이 하고 싶은 것을 알고 선택해본 경험이 쌓이면 어른이 되어서도 자신이 원하는 것을 정확히 파악해냅니다. 그런 사람은 마음이 여유롭습니다. 하지만 이 시대를 사는 사십 대 이상의 어른들은 하고 싶은 걸 하고 살지 못했습니다. 자기가 해야 할 일을 했죠. 사느라 바빴고, 가난했고, 아는 것이 적었기 때문에 인생에 대해 생각해볼 여유가 없었지요. 자신에게 맞는 게 무엇인지 자꾸 시도해보고 실패도 해봐야 다시 도전도 할 텐데 삶이 버거워 그렇게 못해본 것입니다. 그러니 자신이 뭘 좋아하는지, 무엇을 했을 때 행복한지, 뭘 원하는지 모릅니다. 그러다가 뒤늦게 삶에 우울증이 찾아옵니다. 마음의 병을 이기려면 자기가 뭘 원하는지 알아야 합니다.

삶을 지탱해주는 건
거창한 것들이 아닙니다

저는 허리띠를 좋아합니다. 누군가에게는 바지가 내려가지 않도록 허리에 매는 띠 이상이 아닐 거예요. 그런데 저는 이걸 좋아해요. 남들은 몰라주겠지만 저는 알죠. 좋아하는 허리띠를 차면 그날 하루 동안 기분도 좋고 강의도 잘됩니다. 집에서 키우는 포도나무 한 그루 덕분에 제가 무언가 키우는 걸 좋아한다는 사실도 알게 됐습니다. 벌써 7년 동안 꼬박꼬박 열매를 맺는 그 나무에게 아침마다 물을 주는 것이 행복하고, 거름을 주고 열매를 확인하고 맺은 열매를 사진으로 남기는 시간이 저에겐 치유입니다. 이렇게 아주 작고 사소한 기쁨들을 찾으면서 마음의 병을 치유해나갔습니다. 지금까지 숨가쁘게 살아오느라 삶의 재미를 놓치고 살았다면, 그래서 무엇부터 시작해야 할지 감도 잡히지 않는다면, 소박하게 시작하십시오. 허리띠 장사하려고, 포도 팔려고 하는 일이 아닙니다. 그냥 제가 좋아서 하는 일입니다. 효율만 따져 살던 시대는 이미 저물었습니다. 여러분에게도 마음속 작은 포도나무 한 그루가 있기를 바랍니다.

변화를 위한 작은 제안

다음은 강연에서 청중들이 얘기했던 좋아하는 일들 목록입니다. 사소하고 개인적이지만 혹시 무엇을 시작해야 할지 모르겠다면 아래에서 하나씩 골라서 해보세요. 작고 평범한 것들이 주는 기쁨이 있습니다. 심리학자 미하이 칙센트미하이는 《몰입의 즐거움》이라는 책에서 몰입이야말로 삶을 훌륭하게 가꾸는 힘이라고 했습니다. 노래 부르는 것을 좋아하는 사람은 노래에 빠져보고, 뜨개질을 좋아하는 사람은 뜨개질에 열중해보고, 단순하게 좋아하는 일에 몰입하는 것이 필요합니다. 삶을 지탱해주는 건 거창한 것들이 아닙니다. 내가 제일 좋아하는 것을 찾고 그것을 정기적으로 해보십시오.

연인 사이에도 자꾸 약속을 어기면 이내 관계가 끝나고 맙니다. 나와의 관계도 마찬가지입니다. 좋아하는 일을 정기적으로 하기로 했다면 그 약속 시간과 장소에 꼭 나타나야 합니다.

- 욕조에 따뜻한 물을 받아 거품 목욕을 하거나
  탕 속에서 한가롭게 시간 보내기
- 친구를 초청해 음식을 만들어주고 같이 먹기
- 구석구석 청소하기 또는 가구 배치 바꾸기
- 대형 마트나 시장, 전자상가 등에 가서 이것저것 만져보고 관찰하기
- 운동장에 가서 그네에 앉아서 사람들 구경하고 하늘 보기
- 공원에 가서 나무 냄새를 맡으면서 걷기
- 미술관에 가서 다양한 색감의 그림을 구경하기
- 평소에 가지 못하는 비싼 식당에 가보기
- 필름 카메라로 사진 찍어서 인화하기
- 뜨개질하기
- 한 번도 가보지 않은 골목길에서 헤매보기
- 마음 맞는 친구와 수다 떨기
- 마사지나 손톱 손질 등 스킨십이 동반된 케어 받기
- 땀이 날 정도로 운동하기
- 컬러링북 색칠하기

감정의 면역력이
떨어질 때

강연하는 것이 힘에 부쳤을 때 저는 스스로를 돌아보며 몇 가지 진단과 처방을 내렸습니다. 지금 하고 있는 일을 지속하기 위해서는 두 가지가 필요하다는 결론을 마주했습니다. 첫째, 감정의 힘이 넉넉해야 한다. 감정의 잔고를 충실히 채우자. 둘째, 체력이 받쳐줘야 한다. 체력을 쌓자.

처음 강연을 시작했을 때는 저 스스로가 너무 신이 나서 힘든지도 모르고 했습니다. 사람이 무언가에 흥분하거나 극도로 좋아하는 걸 할 때는 자기 몸의 한계를 잘 모릅니다. 이미 한계를 넘어섰다 하더라도 느끼지 못합니다. 때론 일종의 책임감 때문에 느끼지 못하기도 합니다. '내가 이 집을 먹여 살려야 한다'라는 마음가짐일 때는 자신의 상태를 모르고 지나칩니다. 저도 그랬습니다. 책임감도 있었고, 누군가가 내 강연으로 인해 좋아지는 걸 보면 마치 칭찬받는 기분이었습니다. 지금 이대로도 인생을 잘 사는 것 같아 제 상태를 돌볼 생각도 하지 못했습니다.

누구나 몸의 한계를 잊게 하는 무언가가 있을 것입니다. 저도 그런 강렬한 동기 덕분에 성장하고 성과를 냈지만, 그렇게 20년 정도 지나니 몸이 받쳐주지 못한다는 걸 느꼈습니다. 면역력이 약해지면서 한 번도 걸리지 않았던 독감을 매해 앓았고, 최근에 입원했을 때는 제 몸이 겁을 내고 있다는 걸 느꼈습니다. 몸이 약해지니 마음도 함께 약해졌습니다. 그때부터 나 자신에게 감정이 없다고 느끼기 시작했습니다. 감정에 힘이 없으면 말도 재밌게 못합니다. 얼굴 표정도 잘 쓰지 않고 기술만 갖고 건조하게 정보로만 말하지요.

마음의 면역력이 떨어지니 화도 자주 났습니다. 본래 그다지 화를 내는 타입은 아니었는데 희한하게도 마음의 면역력이 떨어지니 사람들이, 세상이 나에게 시비를 거는 것처럼 느껴지기 시작했습니다. 마음이 건강할 때는 아무렇지도 않았던 일들, 대수롭지 않게 넘어갔던 일들이 다 거슬리고 저에게 시비를 걸어오는 듯했습니다.

어느 날 연구소 직원들이 제 눈치를 보는 것이 느껴졌습니다. 일 때문에 전화해서 스케줄을 알리는 건데 "소장님, 자꾸 전화드려서 죄송한데요" 먼저 이렇게 말하더라고요. 업무가 있어서 연락한 것이니 미안할 일이 아니라 당연한 일인데 저에게 날선 기운을 느낀 것이지요. 오히려 그 친구에게 제가 미안해졌습니다. 제 면역력이 많이 떨어졌다는 사실을 그때 비로소 알았습니다.

감정에도 금수저가 있습니다

사업할 때 돈이 넉넉한 사람이 큰 사업을 하듯, 마음과 마음이 만나는 일을 하는 저 같은 사람은 감정이 넉넉해야 잘해낼 수 있습니다. 장사의 밑천이 돈인 것처럼 사람들에게는 감정이라는 밑천이 있어야 합니다. 돈이 없다면 어디서 빌리기라도 하겠죠. 감정도 일종의 재산입니다. 없으면 빌려야 합니다. 그리고 내가 가진 것으로 굴려서 늘려가야 합니다.

감정에도 금수저가 있습니다. 최근에 그런 사람을 만났습니다. 자존감이 높고 남을 배려할 줄도 알았으며 타인을 평가하지 않고 인정할 줄 아는 사람이었습니다. 저보다 어린 나이였지만 감정의 잔고가 두둑했습니다. 그런 사람을 처음 봤습니다. 이야기를 나눠보니 역시 부모에게 물려받은 것이더군요. 사이좋은 부모로부터 상당히 인격적인 대우를 받으며 자란 사람이었습니다. 그래서 기본 정서가 풍부했습니다. 출발이 좋은 것이지요. 돈이 있어야 돈을 쓸 수 있는 것처럼 감정이 있어야 감정을 쓸 수 있거든요. 부부도 감정의 돈이 넉넉해야 대화를 잘 이어갈 수 있습니다. 부모와 자녀 사이도 마찬가지입니다.

감정의 돈이 많을수록 삶이 풍요로워집니다. 내가 힘들 때 나에게 감정의 돈을 쓸 수 있으니까요. 힘들 때 감정의 잔고가 많으면 나에게 이렇게 말해줄 수 있습니다. "이럴 때도 있어, 괜찮아." "그

건 네 잘못이 아니야. 그러니까 죄책감을 갖지 마." 이런 말을 스스로에게 해주려면 용기가 필요합니다. 그 말이 필요한 분들이 제 강의를 들으러 많이 오시는 것 같습니다. 이렇게 강연을 듣고 책을 읽는 것은 자신의 부족한 감정을 채우는 일입니다. 가뭄에 논에 댈 지하수를 당겨오듯이 말입니다. 하지만 문제는 계속해서 빌릴 수는 없다는 것이지요. 대출에도 한도가 있잖아요. 주변에 빌릴 곳이 한정돼 있고, 돈이 많은 사람이 있다고 해도 그 돈을 잘 갚지 않으면 꿔주지 않습니다.

감정을 재테크하는 법

감정을 재테크하려면 시간을 할애해야 합니다. 강연을 듣든 요가를 하든 종교를 가지든, 회사에 나가 노동력과 시간을 맞바꾸는 것처럼 시간과 노력을 들여 감정을 벌어야 합니다. 마음의 힘은 한 번에 생기지 않습니다. 이건 고민한다고 되는 일이 아니에요. 고민한다고 될 거였다면 세상에 안 될 일이 없겠지요. '만나야' 되는 일입니다. 시간을 할애해 어떤 좋은 만남을 가져서 감정을 벌어야 합니다.

또 재테크처럼 감정도 벌고, 관리하는 법이 따로 있습니다. 우리가 감정이 가난하다 해서, 부모에게 넉넉한 감정의 유산을 받지 못했다 해서 우리 인생이 끝나는 것은 아닙니다. 처음에 없다면 빌려서 시작해야 합니다. 강연을 보고 책을 보며 감정이 넉넉해지면 나중엔 남한테 베풀 수 있습니다. 남들에게 나누면 그 감정이 다시 넉넉해집니다. 감정을 불려가는 것이지요.

감정의 관제탑에 귀를 기울이세요

덧붙여 감정을 조절하는 방법을 말씀드리고자 합니다. 감정에도 관제탑이 있다고 생각하시면 수월합니다. 사람의 감정이라는 공항에는 분노라는 비행기가 뜰 수도 있고 기쁨이라는 비행기가 착륙할 수도 있습니다. 사람의 감정이 계속 평안한 상태라고 건강한 것이 아닙니다. 저는 강연 동영상에 달린 댓글을 웬만하면 보지 않으려고 합니다. 부정적인 글을 보면 제 안에서 분노가 일어나거든요. 다행인 건 제 공항에는 감정의 관제탑이 있습니다. 관제탑 안에서 내 마음의 공항에 오가는 감정의 상황을 바라보는 것이죠. 늘 좋은 감정만 드나들진 않습니다. 그건 세속을 떠난 수행자라 해도 어려울 거예요. 저는 해탈이 모든 문제에서 자유로워지는 것이라고 생각하지 않습니다. 다양하게 드나드는 감정을 보면서 조정할 수 있는 것이 좋은 상태입니다.

댓글을 읽고 화가 나는 저를 보면서 관제탑에서 수신을 보냅니다. 강사가 피곤해 보인다는 댓글에는 이런 수신이 옵니다. "늘 밝은 순 없어, 창옥아. 항상 컨디션이 좋을 순 없어. 그러려고 하지 마. 어떻게 그 오랜 시간 늘 활기차겠니? 그럴 순 없어. 하지만 이 상황이 반복된다면 너를 돌아보고 돌봐야 해." 다음 강연 때는 일찍 가서 사우나로 피로와 긴장도 풀고, 얼굴을 밝게 보이기 위해 메이크업도 하고 무대 뒤에 검은 천도 칩니다. 피드백을 읽고 나름대로 셀프케어를 하는 거예요.

다른 사람이 나를 받아주느냐 아니냐는 2차, 3차 문제입니다. 누군가가 나에 대해 어떤 말을 했을 때 그것을 사랑하는 마음으로 했느냐, 비난하는 마음으로 했느냐도 중요하지 않아요. 그보다 더 중요한 건 최종 승인권자가 바로 나 자신이라는 점입니다. 내 마음속 관제탑에 귀를 기울이세요. 그리고 그 소리의 주인이 되십시오. "누군가의 말과 행동을 받아들이고 말고의 결정권자는 바로 나야!"

변 화 를   위 한   작 은   제 안

신의 음성을 듣는 방식은 두 가지라고 합니다. 나를 응원해주는 사람으로부터 신의 음성을 들을 수 있고, 나를 비난하는 이로부터도 신의 음성을 들을 수 있습니다. 그러니 그 비난의 말 속에 신의 음성이 있는지, 있다면 무엇인지 살펴보는 것이 좋습니다. 신의 음성은 그것을 들을 수 있는 귀가 있는 사람에게만 들린다고 했습니다. 비난을 비난으로만 보고 무시하고 대적하면 우리 주변에는 나 좋다고 하는 사람밖에 안 남습니다. 사실은 그게 제일 위험한 상태예요.

그러니 나를 욕하는 이의 이야기를 잘 들어보십시오. 유연한 마음의 태도를 가지고 그의 말을 들어보세요. 그 사람의 이야기가 맞는다면 고맙게 생각하십시오. 사실 그 사람은 나를 망하게 하는 것이 아니라 나를 도와주는 것일 수 있어요. 내가 선에서 벗어났다고 알려주는 것일 수도 있습니다. 그러니 일단 그들의 말을 잘 들어보세요.

"그래, 나는 그렇게 생각하지 않는데, 네가 계속 그런 이야기를 하니 내가 다시 생각해볼게." 이렇게 이야기할 수 있는 마음의 여유를 갖기를 바랍니다.

아집을 내려놓고 귀를 기울여보세요. 만약 겸허히 나를 내려놓고 돌아봤음에도 그 속에서 의미를 찾기 어렵다면, 양해를 구하고 하고자 하는 바를 밀고 나가세요. 설령 비난이 계속 되더라도 시간이 지나면 그들이 당신의 뜻을 알게 될 거예요.

사랑을 표현하는 게
서툴다면

저와 비슷한 가정환경에서 자란 분이 강연장을 찾으셨습니다. 어릴 때부터 아버지와 어머니가 싸우는 모습을 봐왔고, 어머니가 맞는 모습도 많이 봤다고 합니다. 그래서 어른이 된 후로는 어머니와는 연락을 해도 아버지와는 오랜 기간 대화 없이 지냈다고 합니다. 그러다 작년에 아버지가 돌아가셨고, 이제 어머니만 남아 계신데 어머니에게도 그다지 살갑게 대하지 못하겠다고 울먹이셨습니다. 아버지를 용서하지 못한 채 보내드렸는데 어머니도 갑자기 떠나버리면 어쩌지 하는 마음이 드신다면서요. 이 마음을 표현하고 싶은데 잘 안 된다며 어떻게 해야 할지 물으셨습니다.

부모를 용서하기란 쉽지 않습니다. 자연스럽게 하려고 하면 도리어 안 되는 것 같아요. 이미 자연스러움이 깨졌기 때문에 부자연스럽더라도 견뎌야 합니다. 인간의 본성은 자연스러운 것을 추구

합니다. 자연스럽다는 것은 나에게 익숙해진 방식을 뜻합니다. 내가 익숙하지 않은 방식으로 표현하려니 어색하고 어려운 것입니다. 그러니 부자연스러움과 마주치는 용기를 가져야 합니다. 아니면 우발적으로 확 지르든지요.

사실 사랑한다, 고맙다 하는 말은 오랜 한국 정서와 잘 맞지 않아요. 그런 명확한 단어나 문맥 말고 "엄마가 예전에 해준 톳나물 있잖아. 그게 겨울 되면 먹고 싶더라고." 이런 말이 한국식 사랑 표현입니다. 엄마의 그것이 참 좋다, 엄마와의 그 일상이 참 좋았다, 그런 표현들이요. 그런 게 '인정'이거든요. 당신이 있어서 좋다, 당신이 내게 필요하다는 것을 인정하고 표현하는 것입니다.

"엄마, 난 엄마가 필요해. 엄마가 있어서 내 인생이 얼마나 아름다웠는지 알지?" 이런 표현은 할리우드 재난 영화에서 주인공이 엄마에게 죽기 전에나 할 수 있는 대사인 거죠. 서양이나 우리나라나 마음은 같지만 언어문화가 다르니까요. 한국식 사랑 표현도 좋지만 가끔은 이런 서양식 표현도 좋은 것 같습니다. 어색하긴 하지만 느낌만 전하는 게 아니라 '그렇다'는 확실한 내 마음을 전하는 것이지요. 뜻을 왜곡할 틈 없는 돌직구입니다. 저는 그래서 아이가 어릴 때부터 표현을 많이 하려고 합니다. 아이에게는 아직 특정 언어문화가 자리 잡기 전이니 어색함이 덜합니다. 잠들기 전 딸에게 이렇게 말합니다. "아빠가 세상에서 받은 가장 큰 선물이 너 같아. 네 아빠인 게 너무 좋아." 그러면 딸도 "나도 아빠가 내 아빠여서 너무 좋아"라고 이야기해줍니다. 이건 어리니까 가능한 거예요. 시간이 지날수록 서로의 우주가 너무 커버려서 서로의 우주로 넘어가기 어려워집니다. 나중에는 거리가 멀어져 부모가 자식을 정서적으로 만나기 어색해집니다. 부부도 마찬가지입니다. 나이 먹을수록 서로의 세계는 계속 팽창합니다. 각자의 자리에서 팽창만 하다 보면 서로 만날 수가 없습니다. 점점 멀어지기만 합니다. 그러지 않기 위해서는 공유할 수 있는 일상이 필요합니다. 그리고 소소하게나마 표현해야 합니다. 사랑한다고, 고맙다고, 보고 싶다고. 서툴더라도 결국 인간관계를 회복하게 하는 것은 언어의 역할이 크기 때문입니다.

변화를 위한 작은 제안

우리는 나 자신에게 사랑을 표현하는 것도 서툽니다. 어쩌면 살면서 단 한 번도 나에게 '사랑한다', '고맙다'는 말을 해보지 않았을지도 모릅니다. 그런데 생각해보세요. 고맙지 않나요? 이렇게 애써서 살아온 나 자신이요. 그러니까 오늘은 사랑을 표현하는 것이 어색하더라도 한번 해봅시다. 거울을 보면서 나에게 이렇게 얘기해주세요.

"네가 있어서 정말 기뻐."

"지금까지 잘 살아줘서 고맙다."

"내가 널 안전하게 지켜줄게."

"널 위해 내가 항상 여기 있을게."

"언제든 널 위해 시간을 낼 수 있어."

"완벽하지 않아도 괜찮아. 지금 이대로의 너를 사랑해."

완전하지 않은 우리를
받아들이는 것

최근에 골프를 배울 기회가 있었습니다. 가수 이승철 씨 초대로 처음 골프장에 가게 되었습니다. 제게 골프의 진수를 알려주겠다며 프로 한 분과 동행했습니다. 그날 제가 티셔츠에 반바지를 입고 갔는데 원래 골프장에는 그런 차림으로 입장이 불가능하다고 합니다. 목 라인에 칼라가 붙어 있는 피케셔츠와 긴 바지가 정석이며 어떤 골프장은 반바지를 입으면 아예 출입이 금지된다고 해요. 한마디로 설명해주더군요. "골프의 기본은 매너입니다." 단지 옷차림뿐 아니라 골프는 다른 선수들을 배려하고 규칙을 준수하는 것이 매우 중요하다고 합니다. 심판이 없는 유일한 경기이기 때문에 선수 개개인이 알아서 매너를 지켜야 합니다. 그래서 골프가 신사의 경기라고 불리나 봅니다.

인생과 골프는 비슷한 점이 있습니다. 우리는 가까울수록 매너를 지키지 않는 경우가 많습니다. 친엄마, 친아빠, 친딸, 친아들이라고 반드시 친한 것은 아닙니다. 친하려면 매너를 지켜야 합니다. 단순한 진리지만 제겐 꽤 큰 충격이었습니다. 제가 골프에서 배운 삶의 매너 몇 가지를 소개하겠습니다.

상처 난 마음을
메우는 비결

골프장이 처음이다 보니 어디에 서 있어야 할지도 몰라 그냥 멀뚱멀뚱 구경하다 골프 치는 모습을 자세히 보기 위해 고개를 옆으로 쑥 내밀었습니다. 그 순간 옆에서 알려주더군요. "골프 치는 사람을 방해하면 안 돼. 치는 사람이 여기 있으니까 뒤로 가서 있든지 저 앞에 서 있어야 해. 그래야 선수 시야에 들어오지 않아." 매너를 지키려면 내가 어디에 서 있는지를 알아야 합니다. 그 사람을 방해해서는 안 되고, 잘못 서 있다가는 공이나 채에 맞을 수 있습니다. 서로 상처주고 상처받는 것이죠.

두 분은 골프를 정말 잘 쳤습니다. 하지만 아무리 잘 친다고 해도 칠 때마다 잔디가 움푹 파였습니다. 프로 분이 설명해주었습니다. "여기가 이렇게 파이죠. 그러면 이 잔디를 주워서 그 자리에 다시 심고 발로 밟아줘야 해요. 그러면 3일 안에 80퍼센트 정도는 복구돼요. 그런데 이걸 안 채우면 그대로 작은 구덩이가 됩니다." 골프 용어로 벙커라고 하지요. 그러면 다음 사람이 플레이를 하다가 벙커에 공이 빠질 위험이 있는 거죠. 뒷사람에 대한 예의가 아니라는 겁니다.

골프채를 휘두를 때 골프공은 약 1톤의 힘을 받는다고 합니다. 그 1톤의 힘으로 땅을 팠으니 얼마나 세게 파이겠어요. 저는 그걸 보고는 이런 생각이 들었습니다. 살다 보면 의도하지는 않았지만 스윙을 하다가 강력한 힘으로 누군가의 마음을 파게 되는 때가 있겠구나. 선생님은 학생에게, 엄마가 딸에게, 딸도 아버지에게…. 마음이 착하고 여린 사람들은 다른 사람의 잔디가 심하게 팬 걸로 마음이 아파서 아예 운동을 포기하는 경우도 생깁니다. 근데 중요한 건 파여도 그걸 다시 메우고 밟아주면 복구된다는 거예요. 만약 하루 지나 다시 심으려고 하면 이미 파인 잔디가 말라버려서 복구하기가 어려워지지요. 즉시 그 부분을 어루만져주는 것, 상처 난 마음을 곧바로 보살펴주는 것이 중요합니다. 다음으로 미루면 이미 마음은 차갑게 말라버린 후일 것입니다.

너무 마음이 여리면 세상 살아가기가 힘이 듭니다. 남에게 상처주는 게 겁나서 아예 인간관계라는 필드에 나오지 않을 수도 있습니다. 자기가 남에게 상처주고는 본인이 겁먹은 거예요. 마음의 힘을 내서 파인 곳을 다시 덮어주고 만져주면 100퍼센트는 아니더라도 80퍼센트는 복구가 가능할 것입니다.

우리는 결코
완전할 수 없습니다

너무 완전해지려고 하는 사람은 결국 새로운 삶이라는 필드에 들어가기 어려운 것 같습니다. 그러면 우리는 왜 그렇게 완전해지려고 했던 걸까요. 아마 어렸을 적에 부모에게 비슷한 말을 들었던 것 아닐까요? 완전해지지 않으면 너를 받아들이지 않겠다는 사인을 준 것이죠. 그리고 결정적 실수를 했을 때 우리는 이런 말을 들었어요. "호적 파라. 내 눈에 흙이 들어오기 전까지 너는 우리 집에 발을 들여선 안 된다." 아마 한국에만 존재하는 언어방식일 겁니다. 이 말은 곧 '내가 원하는 기준에서 벗어났기 때문에 너의 존재를 받아들이지 않겠다'는 뜻입니다. 완전해지지 않으면 받아주지 않을 것이라는 사인. 그래서 많은 이들이 '완벽주의'라는 병에 걸리는 거예요. 그러면 타인은 물론 나 자신과도 사이가 좋아질 수 없습니다.

인간관계란 완전한 존재여서가 아니라 불완전한 서로를 받아들여줬기 때문에 더 완전한 관계로 나아갈 수 있는 것입니다. 회사도, 연인도, 모든 세상은 내가 생각하는 것만큼 완벽할 수 없습니다. 그러니까 운이 좋고 눈이 높고 판단력이 뛰어난 사람일수록 자신과 맞는 사람, 맞는 조직을 찾기 어렵습니다. 그리고 이렇게 말하죠. "네가 완벽해지면 내가 널 사랑해줄게." 그중에서도 최악은 내가 나를 받아들이지 않는 것입니다. 완전해질 수 없는 자신을 채찍질하고 부정하고 괴롭힙니다. 이런 사람은 누구와도 좋은 관계를 맺을 수 없습니다.

때론 그 대상이 배우자, 친구, 자녀가 되기도 합니다. 완벽해지려고 계속 나아가다 보니, 전보다 나아진 부분도 있겠지만 더 안 좋아진 것도 눈에 띕니다. 인간의 의식 세계는 시간이 지나면서 사물을 더 정밀하게 봅니다. 자연히 모자람을 더욱 많이 인식하게 됩니다. 전에는 그만큼 어둡고 더럽고 습한 면이 있다는 걸 몰랐는데 조명이 밝아지니까 안 보이던 것까지 전부 드러나는 것이죠.

불완전한 나를 수용하는 법을 배워야 합니다. 스스로 발전을 위해 늘 깨어 있어야 하지만, 동시에 부족한 나를 발견할 때 그것을 수용하는 법도 배워야 합니다. 불완전함을 수용하지 않으면서 점점 좋아지려고만 하면 결국 화난 수도자처럼 됩니다.

같은 방식으로 타인의 불완전성도 수용하십시오. 고칠 것이 많더라도 한 걸음 한 걸음 나아가는 것을 축복하세요. 매너 없게 나자신을 함부로 대하고, 타인을 함부로 대하지 않으셨으면 합니다. 친할수록 예의를 갖추고 말과 행동을 하십시오. 우리가 부모로부터 완벽하지 않은 모습을 전적으로 이해받지 못했다 하더라도 스스로를 사랑할 수 있으면 좋겠습니다. 그러다 보면 어느 날 알게될 거예요. 내가 완벽하지 않아도 삶은 이미 나를 받아들였다는 사실을요.

부모가 된 분들에게 팁을 하나 드리려고 합니다. 아이에게 말 실수하는 경우가 많거든요. 잘못된 사랑으로 아이의 자존감과 기를 꺾어버릴 때가 있어요. 다음은 말과 관련된 이슬람 속담입니다.

말을 하기 전에 그 말이 세 개의 문을 통과하게 하라.
첫 번째 문은 "그 말이 사실인가?"
두 번째 문은 "그 말이 필요한가?"
세 번째 문은 "그 말이 따뜻한가?"

부모에게만 적용할 수 있는 것은 아닙니다. 누구든 말을 할 때 세 개의 문을 통과하면 상대방도 나도 다치지 않을 것입니다.

당연한 일에
감사하기

충청도에는 귀신사라는 절이 있어요. 돌아갈 귀歸에 믿음 신信 자를 써서 믿음으로 돌아가라는 의미를 지닌 절이에요. 한번은 그 절을 방문해 주지스님과 이야기를 나누며 좋은 시간을 보냈습니다. 날이 저물어 저녁 공양이 준비되자 주지 스님이 "제가 기도 한 번 하겠습니다" 하시는 거예요. '어? 절에서도 기도하고 밥을 먹나?' 의아했습니다. 스님은 손을 모으시고 이렇게 기도를 하셨습니다.

"이 식탁 위에 있는 음식들은 저 멀리 태양의 에너지와 농부의 수고, 유통업자들의 노력, 이 더운 날 무더운 주방에서 음식을 만든 사람들의 노력, 이 모든 것이 들어가 있습니다. 이것은 음식이 아니라 우주의 에너지이고 사람들의 정성입니다. 이 음식을 먹고 마실 때마다 깨어 있는 마음으로 삶에 감사하게 도와주십시오."

마지막에는 살짝 눈을 떠서 저와 눈을 마주치시더니 미소 지으

시며 "아멘" 하시는 거예요. 스님인데 말이지요. 그 만남이 10년도 더 된 일이라 그날 무얼 먹었는지도 가물가물하고 사실 스님의 얼굴도 잘 기억이 안 납니다. 하지만 그날 기도의 문맥은 생생히 기억이 납니다. 그 기도문은 제가 죽을 때까지 못 잊을 것 같습니다.

내가 먹는 음식이 어디에서 왔는지 한번쯤 생각해보세요. 내가 입고 있는 이 옷이 어디에서 왔는지, 내가 마시고 있는 한 잔의 커피가 어떻게 왔는지 더듬어보는 것입니다. 저도 그걸 모르고 살았습니다. 초등학생도 알 법한 것들을 너무 모르고 살아 부끄럽기도 합니다.

혹시 지금 삶이 우울하시다면 내가 늘 먹고 마시고 입고 쓰고 경험하는 것들이 어디에서부터 왔는지 그 현장을 실제로 찾아보거나 그것에 대해 진지하게 생각해보십시오. 깨달음과 감사함으로 기분이 조금 나아지실 겁니다. 혼자 존재한다고 생각했던 내가 온 우주의 도움, 수많은 사람의 도움으로 지금 숨 쉬고 먹고 간간이 웃으며 살고 있는 것입니다.

슬픈 얘기를 하면 우리의 기분은 한없이 처집니다. 이 웅덩이에서 나와야 합니다. 기도나 명상을 하면 뇌파와 호르몬이 안정적인 상태가 된다고 합니다. 하지만 최근 이보다 더 강력하게 뇌파의 안정감을 선사하는 방법을 신경과학계에서 밝혀냈습니다. 바로 고마움을 느끼는 순간입니다.

슬픔의 구덩이에서 빠져나가기 위해서는 내 앞에 당면한 크고 작은 문제들을 전부 해결하는 것이 가장 좋겠지만, 삶의 문제는 끝이 없습니다. 하나의 문제를 해결하면 또 하나의 문제가 찾아옵니다. 삶의 안정과 행복을 미루지 마십시오. 소소한 것이라도 지금 감사한 일을 찾아내면 당장이라도 평안을 얻을 수 있습니다. 이 간단한 방법을 외면하지 마십시오.

변 화 를 위 한 작 은 제 안

조직개발 강연자 존 밀러는 "그 사람이 얼마나 행복한가는 그 사람이 느끼는 감사의 깊이에 달려 있다"고 했습니다. 감사할 것이 전혀 없다, 감사할 것을 찾는 게 너무 어렵다 싶은 분들은 당연한 일부터 찾아보세요. 반복되는 일상, 매일 나와 마주치고 관계를 맺는 사람들, 현재의 나 자신, 나를 둘러싼 환경 등 당연한 일을 감사한 일로 바꿔보세요. 지금 내가 가진 것 중에서 무엇이 고마운지, 현재 나의 건강에 대해 혹은 오늘 날씨에 대해 고마운 점이 있는지 등 '지금'과 '오늘'에 집중할수록 쉬워집니다.

상처를 닦아줄
누군가가 있나요

얼마 전, 한 기업에서 강연을 했습니다. 강의는 순조로웠고 좋은 반응을 얻었습니다. 강의가 끝나자 사진을 함께 찍어달라는 요청도 많았습니다. 언제나 청중들의 박수, 웃음, 표정이 저에겐 칭찬이고 상입니다. 그런데 강의가 끝나고 얼마 후 강연 담당자에게 연락이 왔습니다. 제 강의가 마음에 들지 않았다는 피드백이 많았다는 항의였습니다. 의아했습니다. 그분들의 환한 웃음, 끄덕이던 고갯짓이 생생했으니까요. 하지만 제가 한 말들에 문제가 있으니 급기야 전 직원에게 돌릴 사과문을 작성해 보내라는 요청을 받았습니다. 20년 정도 강의를 해왔는데 이런 경험은 처음이었습니다. 너무도 혼란스러웠습니다.

제일 먼저 든 생각이 '아, 강의 그만두고 싶다'였습니다. '사람 상대하는 거 딱 질색이다'라는 마음이 깊숙한 곳에서 올라왔습니다.

그 일이 있은 후 처음으로 강연에 대한 트라우마가 생겼습니다. 어른이 되어서는 저에게 트라우마라고 이름 붙일 일이 별로 없었습니다. 제 일에 어느 정도 자신했고 강의에 대한 긴장감은 있었지만 항상 '하면 된다'고 생각했습니다. 청중들의 호응으로 힘을 얻곤 했으니까요. 그런데 그 생각들이 한 방에 날아가버렸습니다. 솔직히 강연이 무서워졌습니다. 사람도 무서워졌습니다. 사람들이 웃어주어도 마음은 위축되었습니다. 웃고 있지만 속으로 어떤 생각을 할지 알 수 없는 노릇이었습니다. 하지만 이미 잡힌 강연 스케줄을 안 한다고 할 수 없으니 두려움 속에서 강단에 올랐습니다.

여러분도 경험해보신 적 있을지 모르겠습니다. 앞에서는 좋다고 했는데 뒤에서는 말이 달라졌던 일, 내가 이 관계를 계속 유지할 수 있을지 자신할 수 없게 만드는 일. 그때 내 안에 생긴 감정의 찌꺼기들을 안고 몇 날 며칠을 끙끙 앓던 일.

우리에겐 좋은 날만 있을 수는 없습니다. 좋은 날만큼이나 자주 슬프고 힘든 날이 찾아옵니다. 먹으면 언젠가는 배설하는 게 인간의 몸인 것처럼 감정 또한 쌓아놓지 말고 내보내야 합니다. 그런데 말처럼 쉽지 않습니다. 슬픔이나 분노, 우울과 좌절의 감정들을 어떻게 배출할지 모르면 점점 쌓이기만 합니다. 저도 서툴렀습니다. 마치 배설하고 스스로 닦지 못하는 아이처럼, 내 감정을 닦고 깨끗하게 만들지 못했습니다. 아이들은 냄새 나는 배설물을 보여도 부끄럽지 않을 만한 믿음직한 존재에게 뒤처리를 맡깁니다. 그 일이 있은 후, 아직 어려 도움이 필요한 저희 집 쌍둥이 아이들의 화장실 뒤처리를 할 때 그 일상적인 일이 다르게 다가왔습니다. '나에게도 내 감정의 뒤처리를 부탁할 만한 사람이 있었던가?' 감정의 찌꺼기들을 배설할 때 우리 옆에 누가 있느냐가 굉장히 중요합니다.

말없이 실수를
감싸줄 수 있는 사람

일주일 뒤에 부모님이 올라오셨습니다. 원래는 형 집에서 묵을 계획이었는데 여의치 않아 우리 집으로 오시게 되었습니다. 아버지를 딸아이 방에 모시려고 했는데 아이가 할아버지는 냄새가 나서 싫다고 하더군요. 그래서 제 방에 모셨습니다. 그런데 아버지가 술을 드시고 주무시다가 실수를 하고 말았습니다. 이 사실을 어머니가 알면 엄청 화를 내실 게 분명했습니다. 자존심이 센 분인데 자식 집에서 남편이 술 먹고 바지에 오줌을 쌌으니 오죽하실까 하는 생각이 들었습니다. 그래서 어머니께는 말씀을 안 드렸습니다. 얼른 뒤처리를 하고 제 속옷과 바지로 갈아입혀드렸습니다. 그때 아버지의 하체를 처음 보게 되었습니다. 어릴 때도 목욕탕에 함께 가는 부자 사이가 아니었으니까요. 다리는 엄청 가늘고 배는 많이 나왔더군요. 아버지가 조금 용서되는 기분이 들었습니다. 늙고

203

나약해진 권위자를 처음으로 연민의 마음으로 바라보게 되었습니다. 그리고 그때 이런 생각이 들었습니다. '그래, 사람이 살다가 이런 실수도 할 수 있지. 나에게도 이런 실수를 해도 괜찮은 사람이 있으면 참 좋겠다.'

누군가에게
그런 존재일 수 있다면

'나에게 그런 사람이 있는가. 그리고 나는 누군가에게 그런 사람이 되어주었는가.' 그 사람의 치부를 감싸줄 수 있는 존재가 가족입니다. 가족인데도 나를 감싸주지 않으면 우리는 한없이 외로워집니다. 세상 어느 곳에도 기댈 곳이 없어집니다. 혼자 있다고 무조건 외로운 것이 아닙니다. 떨어져 있어도 외롭지 않을 수 있고, 같이 있어도 외로울 수 있습니다.

트라우마가 생긴 그 일이 있었을 때 저에게 세 명의 사람이 그런 역할을 해주었습니다. 너무 고맙게도 제 옆에서 든든히 마음을 닦아주었습니다. 덕분에 마음을 추스르고 나니 그 회사와 청중들에 대한 원망보다는 왜 그런 일이 있었는지 객관적으로 생각해볼 수 있는 마음의 여유가 생겼습니다. 무조건 미워하고 원망하며 그 상황을 부인할 게 아니라, 내가 뭘 잘못한 것인지 나 자신을 돌아보게 되었습니다. '만약 누군가를 어느 정도라도 불편하게 할 수 있는 말이라면 그건 하지 말자. 누군가에게 상처가 될 말을 의도적으로 하면서까지 강의에서 재미를 우선시하지 말자.'

내 불편한 감정들을 조금 닦고 나니 나 자신을 돌아볼 수 있었습니다. 내 마음이 닦이지 않으면 세상과 사람을 원망만 하게 됩니다.

누군가가 '그건 아니야'라고 말해주었을 때 나를 한 번 돌아볼 줄 아는 여유가 있었으면 좋겠습니다. 안 그러면 다른 곳에서 비슷한 일이 또 벌어지게 됩니다. 그러고선 '도대체 나한테 왜 이래' 하며 분노와 원망 속에 살거나 '나는 원래 하는 일마다 재수가 없는 놈이야' 하며 운명론적인 결론을 내리게 됩니다. 더 이상 삶을 믿지 않게 되지요. 희망도 기대도 없이.

이런 기운을 갖고 살면 더 부정적인 기운들이 들러붙습니다. 점점 더 어두워지지요. 누군가가 날 찾아주길 기대하면서 더 동굴로 들어가는 모순 속에서 살아가게 됩니다. 내가 그렇게 살아도, 그럼에도 불구하고 날 찾아주는 것만이 사랑이라고 생각하면서 말입니다. 하지만 나를 낳아준 부모도 평생을 그렇게 해줄 수는 없습니다. 가족이든 연인이든 결국엔 지쳐 떠나갑니다.

제가 힘들 때 곁에서 도와준 그 사람들에게 얼마나 고마운지 모릅니다. 여러분도 그랬으면 좋겠습니다. 내가 뭘 잘못 먹었을 수도 있고 누가 뭘 잘못 줬을 수도 있습니다. 그래서 마음에 탈이 날 수도 있겠지요. 그렇게 탈이 나 영혼의 배설물들을 스스로 처리할 힘조차 없을 수도 있습니다. 그때 우리 곁에 대신 닦아줄 만한 친구가 있다면, 그리고 우리도 누군가에게 그런 친구가 되어줄 수 있다면 참 좋겠습니다. 아는 사람이 많지 않아도 그런 친구 한 명이면 충분합니다. 그 한 사람 덕분에 우리는 주변을 탓하지 않고 자신을 돌아볼 수 있으니까요. 그렇게 우리는 더 좋은 방향으로 나아가는 것입니다.

둥그스름한
자연의 섭리

인간은 두 번 착각한다고 합니다. 잘나갈 때 계속 잘나갈 것이라는 착각, 힘들 때 계속 힘들 것이라는 착각. 영화 〈나니아 연대기〉의 원작자 C. S. 루이스가 쓴 《스크루테이프의 편지》에서는, 경험많고 교활한 악마 스크루테이프가 조카이자 풋내기 악마인 웜우드에게 사람을 속이는 서른한 가지 방법을 알려줍니다. 거기에 이런 이야기가 나옵니다. 사람은 자기가 원하는 것이나 사회적 지위를 얻는 데는 열심이지만 살면서 돌보지 않는 것이 세 가지 있다고 합니다. 건강, 내면세계, 가족입니다. 책의 후반부에 스크루테이프가이렇게 말합니다. "사람들이 얼마나 어리석냐 하면 돈을 벌려고 건강을 해치고, 그렇게 해서 번 돈을 다시 건강을 찾는 데다가 쓴단다. 그리고 건강을 찾을 만하면 죽을 때가 되지. 기뻐하렴. 못 찾고죽는 사람이 더 많단다. 그러니 인간에게 고통의 문제를 주지 마

라. 인간은 고통을 당하면 삶을 돌아본단다. 그리고 방향을 수정해버리지. 그러니까 인간을 잘나가게 내버려둬라. 원하는 대로 다 잘되게 해줘. 그러고는 한 방에 보내버려!" 그러니 만약 요즘 어려운 일이 있다면 복이라고 생각하십시오. 그 자체는 화禍이지만 마음의 태도와 자세에 따라 복으로 만들 수 있습니다.

요즘 잘나가면 감사하게 누리십시오. 요즘 일이 꼬인다면 이 또한 지나갈 것이니 너무 걱정하지 마십시오. 잘나간다고 거만할 것도 없고 힘들다고 슬픔에 빠질 것도 없습니다. 사업이 망했을 수도 있고 실직했을 수도 있고 연인에게 이별을 통보받았을 수도 있고 도대체 어디로 가야 할지 모르겠는 방황의 시간을 보내실 수도 있습니다. 하지만 영원히 잘나갈 때도 없는 것처럼 영원히 힘들지도 않습니다.

인생의 곡선을 받아들이세요

신은 직선을 창조하지 않았다는 말이 있습니다. 가만히 생각해보면 인간이 만든 것을 제외하고는 자연에서 만들어진 것 중에 직선은 없습니다. 풀잎에 맺힌 물방울, 바람에 떨어지는 나뭇잎, 하늘의 구름, 꽃잎 하나하나… 다 부드러운 곡선입니다.

사람의 생도 똑같다는 생각이 들었습니다. 일직선이라기보다 원형 또는 원형의 반복입니다. 하지만 우리는 삶을 일직선으로 보는 것 같습니다. 성장 아니면 후퇴. 그렇게 끊임없이 성장해야 한다고 생각합니다. 세상은 직선으로 이루어지지 않았는데 말이죠. 한 방향으로만 성장하는 자연법칙은 없습니다. 그것은 단지 인간이 만들어낸 법칙일 뿐입니다. 자연법칙은 곡선입니다.

그런데 우리는 그 곡선을 받아들이지 않습니다. 조금만 미끄러져도 후퇴라고 판단합니다. 열정이 떨어졌을 때, 일이 잘 풀리지 않을 때, 권태가 찾아왔을 때, 그런 삶은 거부합니다. 인정하면 정말 후퇴인 것 같아서요. 당황하고 자존심 상하고 의욕이 사라져버려 더 센 걸 찾으려고 헤맵니다. 고난과 우울감은 그 자체보다 우리가 그것을 어떻게 바라봐야 할지 모를 때 더 두렵고 무섭습니다. 배운 적이 없기 때문입니다. 그러니 좌절과 실패가 찾아오면 당황스럽고 '내 시대는 갔나? 한땐 잘나갔는데…'라는 자격지심과 융합해서 끝없는 나락으로 빠져듭니다. 어떻게든 지금의 위치에서 더 이상 떨어지지 않기 위해, 살아남기 위해 독소를 내뿜어 자기를 방어합니다. 다가오려는 사람들에게는 벌처럼 침을 쏘면서 말이죠. 하지만 벌은 침과 창자가 연결되어 있어 단 한 방의 침과 자신의 생명을 맞바꿉니다. 타인으로부터 살아남기 위해 일격을 날린 뒤 결국 자기 자신도 죽어버리는 것이지요. 인간도 비슷합니다.

기억하십시오. 자연의 모든 것은 원형으로 되어 있습니다. 그것이 섭리입니다. 권태는 영원하지 않습니다. 마치 열정이 영원하지 못했던 것처럼요. 그 사실을 알면 권태를 잘 넘길 수 있습니다. 너무 빨리 물리치려고 하지 마세요. 삶의 권태가 찾아올 때, 더 이상 재미있는 것도 맛있는 것도 고마운 것도 신기한 것도 편안한 것도 없을 때, 내 인생이 꼬꾸라지는 것 같을 때, 그다음 단계로 나아갈 고민을 해야 할 시기입니다. 악마의 이야기처럼 우리는 잘나갈 때는 고민을 하지 않거든요. 내 방법이 맞다고 생각하고, 인생이 일직선이라고 생각하니까요.

인생의 후퇴는 자연이 선물한 기회입니다.

4장

셀프디벨롭먼트

진정한 어른으로
성장하라

셀프디벨롭먼트 *Self-development*

자신의 기술이나 능력을 발전시키는 일

사람이 자기를 소중하게 생각하지 않으면 자기를 관리하지 않아요.

몸을 관리하는 사람이 있고, 몸을 방치하는 사람이 있습니다.

먹는 것도 운동하는 것도 모두 관리입니다.

정원을 망치는 방법은 그냥 내버려두는 것입니다.

사람도 똑같이 그냥 내버려두면 망가지게 됩니다.

소중한 나를 내 마음에 쏙 드는 나, 가장 나다운 나,

내가 좋아하는 나로 성장시키세요.

지금이 쌓여
인생을 만듭니다

우리는 가끔 이런 말을 합니다. "쟤는 전생에 나라를 구했나." 누군가의 배우자가 재력가거나 외모가 뛰어나면 그런 말을 하지요. 반대로 일이 잘 안 풀릴 때, 하는 일마다 안 될 때 이런 말도 합니다. "아, 내가 전생에 무슨 죄를 지었기에." 현생의 좋은 일, 나쁜 일을 전생과 연결해 부질없는 생각을 해보는 거죠.

저는 전생을 믿지 않아요. 하지만 최근에 확실한 전생을 발견했어요. 여러분은 오늘 점심에 무얼 드셨나요? 우리가 10분 전에 먹은 음식이 바로 현존하는 실제 '전생'입니다. 어제의 내가 우리의 다음을 만들고 오늘 먹은 음식이 내일의 내가 됩니다.

작년에 건강검진을 받았는데 제 허리는 32인치, 몸무게는 73킬로그램, 키는 178센티미터입니다. 겉으로 보기엔 평균적인 몸입니다. 하지만 콜레스테롤 수치가 평생 약을 먹어야 할 정도로 높게 나왔습니다. 지방간에 당뇨도 있다고 하니 몸 상태가 정말 안 좋았지요. 억울했습니다. 저는 술도 커피도 안 마시고 담배도 안 피우거든요. 의사의 조언에 따라 음식 조절을 시작했습니다. 3주가 지나자 제 몸에 변화가 생겼습니다. 앞으로 제 남은 인생에 영향을 미칠 것 같은 그런 일 말이에요.

어제 먹은 것이
곧 나의 전생입니다

EBS 다큐프라임 〈진화의 비밀, 음식〉이라는 다큐멘터리가 있는데 간단히 말하면 음식을 구석기 시대처럼 먹어보는 프로젝트입니다. 그걸 보고 나니 지금의 나를 만든 건 음식이라는 걸 깨달았습니다. 내가 누군지 알고 싶으면 내가 어떤 음식을 먹는가를 생각해보면 됩니다.

우리는 입뿐 아니라 눈으로, 귀로도 먹습니다. 눈으로 보고 귀로 듣는 모든 것이 우리가 됩니다. 이 모든 것을 돌아보면 내가 누구인지 나는 무슨 색인지 조금은 알게 됩니다. 마찬가지로 내가 되고 싶은 방향이 있으면 그 방향에 맞춰 어떤 것들을 먹을지 생각해봐야 합니다.

몇만 년 전에 살았던 구석기인들의 몸과 지금 우리의 몸의 유전자는 거의 똑같다고 합니다. 구석기인들처럼 먹는 것은 무척 간단합니다. 구석기인들은 가공된 음식을 먹지 않았고 밀가루 같은 탄수화물도 섭취하지 않았습니다. 음식을 구하기 위해서는 평균 4킬로미터를 걸어야 했습니다. 구하지 못하면 다시 4킬로미터를 걸어 집으로 돌아옵니다. 그러니 몸속으로 영양분이 들어오면 살아남기 위해 재빨리 지방으로 저장합니다. 그래야 먹지 못하는 기간을 살아낼 수 있으니까요.

반면에 현대인들은 과도하게 탄수화물을 섭취하고 있으며 소금이나 설탕, 조미료가 가미된 음식을 먹습니다. 지금은 많이 움직이지 않아도 먹을 음식이 사방에 널려 있지만 이렇게 풍족하게 먹게 된 것은 불과 30년~50년밖에 되지 않았습니다. 특히 대한민국은 한국전쟁이 끝난 이후에나 먹을 것이 풍족해졌지요. 몸은 몇 만 년 전 설계된 그대로를 유지되고 있는데, 불과 몇십 년 사이에 먹는 것이 완전히 바뀐 것입니다. 우리 몸이 바뀐 식습관을 감당하지 못하니 성인병이 생깁니다. 그 다큐멘터리를 보고 나니 '그동안 나는 무엇을 먹었던가?' 하는 자각이 생겼습니다.

어머니가 해남 분이라 저는 어릴 때부터 짠 음식을 많이 먹었습니다. 또 국과 찌개를 좋아하며 쌀밥을 챙겨먹는 한식파입니다. 게다가 제일 좋아하는 메뉴가 삼겹살입니다. 기름기가 없으면 먹지를 않았습니다. 전형적으로 나쁜 식습관이었던 것이죠. 돌이켜보니 그제야 제 전생이 보였습니다. 몸에 생긴 문제를 해결하고 평생 약을 먹지 않기 위해서는 지금까지와는 다르게 살아야 했습니다. 식습관 전면 수정에 들어갔습니다. 일단 밥을 끊고 고구마, 감자, 토마토, 달걀 등으로 대체했으며 나트륨 섭취량을 현격히 줄였습니다.

최근 외국에 다녀왔는데, 거기서 아주 놀라운 일이 벌어졌습니다. 해외 여행을 가면 밖에서 무얼 먹든 숙소로 돌아오면 늘 컵라면에 즉석밥을 먹었는데 이번에는 그 습관으로부터 벗어날 수 있었습니다. 그리고 귀국하자마자 평소 같았으면 바로 김치찌개를 찾아 먹었을 텐데 그러지 않았습니다. 이제는 국물도 잘 안 먹습니다. 더 놀라운 변화는 제가 스트레스를 받지 않는다는 것이었습니다. 몸의 변화보다 인간의 인식에 새로운 틀이 자리 잡으면 그것이 엄청난 힘으로 일상을 바꾼다는 사실을 깨달았습니다.

먹는 걸 바꿔야
우리는 달라질 수 있습니다

구석기 시대처럼 먹자는 이야기가 아닙니다. 우리의 인식에는 세상을 바라보는 방식, 학습된 무기력이 있습니다. 인간은 반드시 전생의 영향을 받습니다. 어떤 식으로든요. 제가 어려서 먹은 것 중

제일 기억에 남는 건 음식이 아니라 집안의 분위기입니다. 어려서 먹은 음식이 얼마나 기억에 남겠어요. 사실은 반복되는 집안의 분위기가 가장 강력하게 기억에 남는 것입니다. 그때 먹은 분위기가 지금의 저를 만들었습니다. 어떤 식으로든.

우리의 인식이 바뀌지 않았는데 행위만 바꾸려고 하면 더 큰 저항감과 스트레스를 받게 됩니다. 먼저 인식을 바꾸면 단순히 참는 것이 아닌 그것으로부터 자유로워지는 상태가 되는 것입니다. 국물로부터의 자유, 삼겹살로부터의 자유가 찾아옵니다. 다큐멘터리를 보고 나서 갈빗집에 갔는데, 고기에 붙은 비계를 다 잘라내니까 그릇으로 하나가 나오더군요. 또 김치를 씻었더니 고춧가루가 엄청 나왔습니다. '아, 이걸 내가 다 먹었단 말이야? 끼니마다?'

강연이나 책으로부터 받은 긍정적인 자극을 온전히 흡수하기 위해서는 무언가 정말 내게 온 것처럼 해봐야 합니다. 가장 위험한 건 해보지 않으면서 보고 듣기만 하는 것입니다. 이러면 상대방이 하는 말을 곧 자기 자신과 동일시하게 됩니다. 결국 다 아는 내용이라고 생각해버리는 것이지요. 늘 똑같은 자리에 있는 강이지만 흐르는 물은 한 번도 같은 적이 없습니다. 새로워지려면 내가 그렇게 해봐야 하는 거예요. 꼭 무언가를 해보시길 바랍니다. 우리의 인식은 보통 살아 있는 말, 실존하는 말들에 움직입니다. 제 이야기를 가이드 삼아 무엇이든 꼭 한번 해보십시오.

인간에게는 성장을 넘어선 성숙이 있습니다. 관계의 성숙, 생각의 성숙, 행위의 성숙. 성숙하여 나이가 든 사람은 젊은이들을 부러워하지 않습니다. "내가 옛날에는 말야" 이런 이야기도 하지 않아요. 왜냐하면 지금의 자신이 훨씬 좋으니까요. 더 자유로워졌고 쓸데없는 힘을 주지 않으며 필요한 힘을 적절히 쓸 줄 알게 됐으니까요. 나이가 먹을수록, 시간이 지날수록 더 멋있어지는 거죠.

성숙 없이 자란 사람하고는 대화가 어렵습니다. 항상 핑계를 앞세우고 수용하는 능력은 없으면서 과거의 영광만 찾는, 그런 꼰대가 되는 것이지요.

반복되는 삶의 문제를 인지하고, 그것을 겸허히 인정해 그 바탕이 된 힘으로 우리는 삶을 수정할 수 있습니다. 다음 세계로 넘어가는 것이지요. 이 하나의 라운드가 지났을 때 사람은 예전보다 훨씬 성장하고 성숙해집니다.

사람이 자기를 소중하게 생각하지 않으면 자기를 관리하지 않아요. 몸을 관리하는 사람이 있고, 몸을 방치하는 사람이 있습니다. 먹는 것도 운동하는 것도 모두 관리입니다. 정원을 망치는 방법은 그냥 내버려두는 것입니다. 사람도 똑같이 그냥 내버려두면 망가지게 됩니다. 소중한 나를 내 마음에 쏙 드는 나, 가장 나다운 나, 내가 좋아하는 나로 성장시키세요.

가장 좋은 것을
나에게 주세요

어렸을 적 엄마가 나를 어떻게 대해줬는지, 아빠가 나를 어떻게 대해줬는지, 부모는 서로를 어떻게 대했는지, 어떤 말을 주로 들었는지, 어떤 장소에 자주 갔는지, 이 모든 것이 합쳐져 내가 만들어집니다. 벤저민 하디의 《최고의 변화는 어디서 시작되는가》를 보면 환경은 의지보다 힘이 세다고 표현합니다. 사람이 아무리 변화하고자 마음을 먹고 의지를 다진다고 해도 부정적인 환경에 놓여 있다면, 금세 의지력이 바닥나면서 실패자 같은 느낌만 남게 된다는 경고죠. 어떤 장소에 누구와 함께 시간을 보내느냐는 것은 내가 어떤 삶을 살고 있느냐, 앞으로도 어떤 삶을 살게 되느냐를 가늠하는 바로미터입니다. 그러니 좋은 책을 읽고, 좋은 사람 만나고, 좋은 장소에 가고, 좋은 영화를 보시기 바랍니다. 나 자신을 산모라고 생각하고 좋은 음식을 섭취하세요. 가장 좋은 것을 아낌없이 나에게 주세요. 최대한 안 좋은 것을 접하지 않도록 하세요. 외부에서 들어온 부정적인 것들이 내 안의 나쁜 것들을 끌어낼 수 있기 때문입니다. 그러니 '너 때문에 내 인생이 망했다'는 말은 틀렸습니다. 내 안에 그 어둠이, 그 부정적인 요소들이 없었다면 애초에 드러나지 않았을 것입니다. 대신 좋은 것을 만나십시오. 그 좋은 것 또한 우리 안에 있기 때문입니다. 긍정적인 것들이 우리 안의 좋은 것을 끄집어내고 성장하게 합니다.

변해야 할 때 변하지 않으면
썩어버립니다

혼자 외아들을 키워낸 한 어머니가 있습니다. 그런데 아들이 결혼을 하고 아들 내외와 사이가 안 좋아져 결국 분가했대요. 아들은 집을 나가며 엄마에게 이런 말을 했다고 합니다. "엄마, 이제 엄마 인생 살아. 엄마가 행복해지셨으면 좋겠어요." 어머니는 그 말을 듣고 허탈한 마음이 들었다면서, 아들 별명이 '대한민국 공식 지정 효자'였다고, 살면서 한 번도 엄마에게 '아니요'란 말을 한 적이 없다고 하시더군요. 지금껏 홀몸으로 아이 키우면서 죽지 못해 살 만큼 힘들었는데 돌아보니 차라리 그때가 더 행복했다며 아들을 어떻게 떠나보내야 할지 모르겠다고 눈물을 흘리셨어요.

행복에도
유통기한이 있습니다

어머니가 아들을 키우면서 느낀 행복이 거짓된 행복은 아니었을
것입니다. 힘들었어도 분명 행복이었지요. 그런데 이제 그 행복의
유통기한이 끝난 것 같습니다. 우유가 유통기한이 끝나면 상하든
지 발효되어 치즈가 되든지 둘 중에 하나거든요. 이제 어머니는 우
유로서의 행복은 유통기한을 힘들게 마치신 것 같고, 이제 치즈로
발효하든 상한 우유로 버려지든 둘 중에 하나를 선택해야 합니다.
사람에게는 때가 있습니다. 변화해야 할 때. 그런데 변화할 때를 놓
치면 사람은 변질됩니다. 반면 그때를 잘 받아들이면 새로워지지
요. 우유가 썩지 않고 치즈가 되듯이 말입니다. 깊고 잘 숙성된 풍
미 좋은 치즈 말입니다. 이 일이 그분에게 치즈가 되는 계기가 되
었으면 합니다.

어머니가 힘들게 아들을 키웠지만 아들도 아마 힘들었을 겁니
다. 어머니 자신도 모르게 아들에게서 남편을 찾으셨을지도 모르
지요. 아들이 하나인데 남편이 없다면 아들이 그저 순수하게 아들
역할만 할 수 없거든요. 엄마는 자신도 모르게 아들에게서 남편의
역할을 기대했을 것이고, 그 아들도 엄마 눈치를 보며 그 버거운
역할을 해가며 자랐을 것입니다. 그러니 그 아이도 분명 아주 어렸
을 적부터 힘든 게 있었을 것입니다. 세상에 '아니요'를 외칠 상황

이 없지 않은데 엄마 말을 거절하지 않고 커온 것이죠. 이런 아이는 너무 일찍 철이 들어서 힘들게 자신을 키우는 엄마를 걱정합니다. 영민하고 착한 아이일수록 눈치를 보며 자기 의견을 얘기하기보다 엄마가 말하는 대로 맞춰 삽니다. 의도하셨든 아니든 엄마의 그늘에서 살아온 아들이 용기 있게 어머니로부터 독립을 선언한 것입니다. 아들이 장성해 진정한 독립을 했으니 사실 축하할 일이지요.

이제 무르익는 삶으로

그 모든 것의 유통기한은 지나고 이제 새로운 삶으로 들어갈 때입니다. 사실 홀로 서지 않으면 계속 같이 살아도 외롭거든요. 어머니에게 홀로 설 찬스가 찾아온 것 같아요. 홀로 서야 아들하고 며느리하고 '더불어'가 가능합니다. 법정 스님의 《홀로 사는 즐거움》에서 이런 문장들을 봤습니다.

"사람은 본질적으로 홀로일 수밖에 없는 존재다. 무리로부터 떨어져 나와 단지 혼자 지낸다고 해서 과연 '홀로 있음'인가. 홀로 있을수록 함께 있다는 가르침은 홀로 있음의 진정한 의미를 가르킨다. 모든 것은 서로 이어져 있다. 바다 위에 외롭게 떠 있는 섬도 뿌리는 대지에 이어져 있듯. 모든 살아 있는 존재는 관계 속에서 거듭거듭 형성되어간다."

관계란 홀로서기와 더불어가 동시에 필요합니다. 둘은 반대의 개념이 아닙니다. 홀로 설 수 없는 사람은 함께할 수 없습니다. 그런 사람은 남에게 따뜻하게 다가가는 법을 모릅니다. 남과 적절한 거리를 유지하는 법도 모릅니다. 온도 조절이 안 되어 너무 뜨겁거나 너무 차갑고, 거리 조절도 안 되어 너무 가깝거나 너무 멉니다.

앞으로 남은 날들이 많은데, 자식 보내고 혼자 뭘 해야 할지 걱정하지 마세요. 엄마로서의 삶이 아니라, 자기 자신으로서의 삶을 시작해도 늦지 않은 나이입니다. 그리고 나중에 마음에 여유가 생기면 자식들에게 먼저 손을 내밀 수 있을 것입니다. 며느리와의 관계가 좋아지지 않으면 아들도 결코 온전하게 인생을 누릴 수가 없습니다.

사람은 변화해야 할 때 변하지 않으면 변질됩니다. 사람은 살아 있는 생명체이기 때문입니다. 익어야 할 때 익지 않으면 썩습니다. 부디 긍정적인 방향으로 무르익는 삶이 되시길 바랍니다.

"내가 널 어떻게 키웠는데." 소위 자식에게 뒤통수 맞았다는
분들의 단골멘트입니다. 이 말은 이미 당신의 사랑이 건강한
사랑은 아니었다는 사실의 방증입니다. 건강한 사랑은 아이와
함께 보낸 시간 자체로 이미 충분한 보상을 받습니다.

"내가 널 어떻게 키웠는데"라는 말은 내가 너한테 준 만큼 너
도 나한테 뭘 줘야 한다는 뜻이잖아요. 물질적인 것이 아니라
대개는 정서적인 것이겠지만 말입니다. 그런데 아이는 성장하
면 정서적으로 독립을 원합니다. 어른이 되려는 아이에게 보
상을 바라면 아이는 제대로 독립하기 어렵습니다.

윤동주의 〈십자가〉라는 시에 이런 구절이 있습니다. '괴로웠
던 사나이 행복한 예수 그리스도.' 괴로움과 행복이 모순된 단
어지만 그렇지만도 않습니다. 예수는 십자가에 매달릴 만큼
사랑하는 대상이 있었던 것입니다. 부모도 그런 것 같습니다.
이미 아이의 존재로 모든 보상을 받는 것, 어쩔 수 없이 부모
란 그런 역할입니다.

운명적인 내 일은
없습니다

운명적인 내 일을 만나고 싶을 때가 있지요. 분명히 말씀드립니다만, 애석하게도 그런 운명은 없습니다. 많은 분들이 무슨 일을 해야 할지 모르겠다는 말씀을 많이 합니다. 특히 자신이 가치 있다고 생각하는 의미 있는 일을 해야 할지, 현실적으로 돈을 많이 버는 일을 해야 할지 고민하는 분들이 있습니다.

사자와 호랑이가 싸우면 누가 이길까요? 불교 경전에는 '네가 도와주는 이가 이길 것이다'라고 쓰여 있습니다. 현실에 집중해 돈을 벌 것이냐, 돈을 벌지 못해도 의미 있는 일을 할 것이냐는 사자와 호랑이의 싸움입니다. 막상막하입니다. 당신이 도와주는 편이 이길 것입니다.

절대적 운명론은
믿지 마세요

사실 정해진 운명이란 없습니다. 어쩌면 운명은 죽기 전에 논할 수 있는 마지막 단어인 것 같아요. 눈을 감기 전에 "이게 내 운명이었어"라고 말할 수 있는 것이지요. 그러니 죽기 전까지는 어떤 것도 결정짓지 말고 내가 생각해서 내 의지로 어느 한편을 도와줘보는 겁니다.

그러고 나서 안 되면 실패인가요? 아닙니다. 잘되지 않았다면 왜 안 됐는지를 알았기 때문에 하나를 잃고 다른 걸 얻으신 거예요. 온전하게 마음을 다해서 살지 않은 삶이 실패인 것이지, 정말 진심을 다해 해본 인생에선 반드시 얻는 것이 있습니다. 혹여 온전한 정신으로 살지 않았다고 해도 조금 뼈아픈 인생 레슨비를 치른 것입니다. '아, 그래. 다신 이렇겐 살지 말자. 온전하고 뜨거운 마음으로 해보자.'

강연에 찾아온 한 사회 초년생이 삶이 재미없고 지루하다며 그저 건물주나 되고 싶다는 말을 했습니다. 저는 그 친구에게 이렇게 조언했습니다. "결혼은 안 해도 되지만 사랑은 해보십시오. 직장은 없어도 되지만 자기의 길은 있어야 합니다."

사랑과 결혼에는 네 가지 경우의 수가 있습니다. 사랑했는데 결혼은 안 될 수도 있어요. 결혼은 했지만 사랑은 부재할 수도 있어요. 결혼도 하고 사랑하는 사람도 있고요. 결혼도 없고 사랑도 없는 사람이 있지요. 그중에 하나를 추천한다면 결혼과 상관없이 사랑은 꼭 해보길 바랍니다.

마찬가지로 직장은 있는데 자기 길이 없는 경우도 많습니다. 반면에 직장은 없지만 자기 길이 있는 사람도 있습니다. 길이란 쉽게 말해서 자신이 느끼는 가치입니다. 제 경우를 예로 들어 설명하자면, 부업으로 택한 '배우 일' 자체는 단지 직업일 뿐입니다. 그런데 제가 그 일을 택한 이유는 어떤 가치를 구현하고 싶어서였습니다. 그러니 직업보다 '가치'가 먼저입니다. 나와 내 길. '나에게는 내 길이 있는가?' 자신에게 한번 물어보십시오. 이 질문은 곧 '내가 가치 있다고 느끼는 것이 있는가?'의 문제입니다.

건물이 있으면 좋겠지요. 그러나 사랑이 없고 그저 건물만 있다면 그때는 또 다른 고뇌를 알게 될 것입니다. 월세는 안 들어오고 세입자가 골치를 썩이면 "아, 건물주 되는 것도 정말 피곤한 일이구나. 진짜 머리 아프다" 하게 될 거예요. 그러니 물질이 나의 삶을 활짝 펼쳐줄 것이라 착각하지 마세요.

될 일을 하지 말고
된 일을 하라

혹시 '내 운명이 찾아오면 그때부터 진짜 시작이고 엄청 열심히 할 거야'라고 생각하시나요? 그 운명적인 순간 같은 것, 잘 오지 않습니다. 그리고 문제는 그 '운명'을 찾는다 해도 2년, 3년 해보면 열정이 식는다는 것입니다. 늘 좋을 수는 없거든요. 늘 재미있을 수도 없고요. 그러면 또 다른 걸 찾게 되고, 다시 열정이 사그라집니다. 그걸 반복하다 보면 삶에 대한 회의가 찾아옵니다. 그러니 내가 추구하는 가치가 무엇인지 잘 모르겠다, 또는 지금 뭘 해야 할지 모르겠다 싶을 때는 그저 내 길이라 여기고 10년 정도를 해보세요.

그럼 '운명'이라는 말을 논할 수 있을 거예요. 지금 스타트 라인에 서서 '이게 내 길일까? 내 운명일까?' 말하는 것 자체가 오류고 모순입니다. 왜냐하면 아직 나에게는 '기술'이 없으니까요. 인간은 잘하지 않으면 즐거워질 수 없거든요. 그러니 일단 잘하는 것이 중요합니다. 그리고 잘하기 위해서는 기능과 기술이 필요하죠. 비록 나의 길, 나의 가치가 아니었다 해도 10년을 쌓은 기능과 기술이 돈으로 남을 것입니다. 그렇게 얻은 공간과 여유를 가지고 다시 하고 싶은 것을 시작하시면 됩니다.

우리는 돈을 왜 벌어야 할까요? 사람은 돈을 벌어서 크게 두 가지를 삽니다. 첫 번째는 물질입니다. 옷도 사고 먹을 음식도 사고 차도 사고 집도 삽니다. 두 번째는 시간입니다. 돈으로 살 수 있는 최고의 가치 중에 하나가 시간이거든요. 시간을 산다는 것은 노동을 하지 않아도 되는 시간을 가질 수 있다는 의미입니다. 그리고 그 시간을 활용해 내가 원초적으로 좋아하는 경험을 할 수 있습니다.

저는 한 달에 3주간 일을 하고, 그 돈으로 1주의 시간을 사고 있습니다. 그리고 그 시간 동안 제가 정말 좋아하는 일을 하지요. 제주도에서 인생 이모작을 주제로 새로운 콘텐츠를 소소하게 만드는 일, 임업후계자 수업을 받는 일, 빈티지 가게 일 등을 합니다. 잠도 안 올 정도로 재미있습니다. 지난 20년 동안 정말 열심히, 몸이 아프건 집안일이 생겼건 꾸준히 해왔기 때문에 가능한 현실입니다. 강연이라는 분야에서 나름 기술을 갖추고 경제적으로 자립을 했기 때문에 생긴 것이지, 결코 공짜로 생긴 시간이 아닙니다. 제게 시간을 얻는다는 것의 의미, 그리고 돈을 번다는 것의 의미는 이러합니다.

그러니 당신이 하고 싶은 일을 잘 알지 못하는 젊은이라면 지금 '해야 할 일'을 '하고 싶은 일'처럼 하십시오. 저는 대안 없이 대책 없이 "네 꿈을 찾아라! 쫓아라! 펼쳐라!"라고 말하고 싶지 않습니다. 당장 먹고 살 돈이 없는데 어떻게 꿈에 집중할 수 있습니까? 최소한의 돈이 있어야 합니다. 그러려면 지금 하는 일이 비록 진정한 꿈이 아닐지라도 10년쯤 해보라는 것입니다. 그리고 가능한 한 최고로 잘하려고 노력하십시오. 회사를 위해서가 아닙니다. 나를 위해서 잘하십시오. 그러면 10년 뒤에 당신은 기능장이 될 수 있습니다. 기능장이 되어 돈을 벌고, 그 돈으로 시간을 사십시오. 그러면 그 시간 안에서 다시 당신이 정말 하고 싶은 것, 좋아하는 것, 사랑할 만한 가치를 느끼는 것이 무엇인지 실험하고 발견할 수 있습니다. 내가 좀 더 나답게 존재할 수 있는 무언가를 찾는 시간을 갖는 것입니다.

사랑한다면
대가를 지불하십시오

사람이 필요 이상의 생각과 감당할 수 없는 근심을 가지고 있다는 건, 몸은 여기 있어도 정신은 다른 곳에 가 있다는 의미입니다. 염려하지 말라, 근심하지 말라는 말은 몸이 있는 곳에 마음과 정신이 같이 있으라는 뜻입니다. 사람은 몸과 마음이 같은 장소, 같은 시간에 있을 때 온전한 상태가 됩니다.

그렇다면 언제 그런 일이 가능할까요? 바로 몰입할 때입니다. 사람은 자기가 원하는 걸 할 때, 좋아하는 사람과 있을 때 집중을 잘합니다. 우리가 어떤 물건이나 장르를 좋아한다는 것은 그 자체가 좋은 것과 더불어, 그것과 유사한 무언가가 내 안에 있다는 의미입니다. 이것이 나의 고유성입니다. 그러니 다양한 만남을 시도해야합니다. 가만히 나를 돌아보는 시간도 중요하지만 만남을 통해서 나 자신을 새로이 볼 수 있습니다. 쉽게 말하면, 내가 몰입할 만한 가치를 느끼는 그 무엇을 만나보시라는 것입니다. 몰입할 수 있고 반복할 수 있고, 그것을 위해 대가를 지불하는 것. 이걸 우리는 사랑이라고 정의합니다.

사랑하는 것은 반드시
반복하게 되어 있습니다

가끔 제 강연을 몇 번이고 반복해서 듣는다는 분을 만납니다. 몰입하고 반복해서 듣는다는 것. 바로 좋아한다는 뜻입니다. 그런데 좋아하는 것과 사랑하는 것은 다릅니다. 좋아한다는 건 몰입하는 것이고, 사랑한다는 건 몰입하는 것을 위해 대가를 지불하는 것입니다. 누군가가 너무 보고 싶고 같이 있고 싶지만 그 사람을 위해 대가를 지불하고 싶진 않다면, 그건 사랑하는 게 아니라 좋아하는 것입니다. 그 사람한테 사랑받고 싶은 거지 사랑하는 게 아닙니다. 대가는 돈일 수도, 시간일 수도, 자존심일 수도 있습니다.

또한 사랑의 속성은 반드시 반복한다는 것입니다. 사랑은 절대 일회적이지 않습니다. 어느 날 누군가를 보고 첫눈에 반했다 해서 사랑한다고 말하기는 어렵습니다. 정확하게 말하면 그건 '사랑하고 싶다'는 상태죠. 사랑은 일상의 비루한 것을 반복해내는 용기입니다.

지루함을 감내할 만큼 의미를 느끼는 일, 나의 의지를 바칠 만한 분야를 꼭 찾길 바랍니다. 그것이 무엇이 될지는 모릅니다. 본인만 알 수 있습니다. 다만 확실한 것은 그 사랑의 중간에 반드시 일상의 비루함이 있다는 사실입니다. 지루하고 반복되고 그렇게 멋들어지지 않을 거예요. 그러나 그 과정을 지나야만 비로소 깊이 있는 재미를 느낄 수 있습니다.

변화를 위한 작은 제안

사랑을 다른 말로 하면 '내가 가치 있다고 여기는 무언가'입니다. 그 '가치'를 확인하는 기준은 내가 대가를 지불하느냐의 유무입니다. 가치가 있으면 우리는 어떤 식으로든 대가를 지불합니다.

그리고 진짜 가치 있다고 여기는 것에 우리는 대가를 지불했다는 표현을 쓰지 않아요. 받아줘서 기뻤다고 말해요. 나에게 그럴 수 있는 기회를 줘서 영광이라고, 나의 기쁨이었다고 말해요. 사랑한 그 순간 우리는 이미 모든 것을 받았기 때문입니다. 만약 어떤 일을 또는 어떤 사람을 내가 사랑하고 있는지 아닌지 잘 모르겠다 싶을 때는 내가 기뻐하며 대가를 지불하고 있는지 살펴보세요. 대가를 지불하는 것, 그것이 판단의 기준이 되어줄 것입니다.

나의 길을
확인하는 방법

"이 길이 내 길인지 아닌지는 어떻게 알 수 있을까요?"

강의를 하다 보면 이런 질문을 많이 받습니다. 한번은 아일랜드에서 고분자 분야 박사학위를 받고 포스닥 연구원으로 지내던 분이 자신은 오래전부터 서비스업을 해보고 싶었는데 그 길이 맞는지 잘 모르겠다고 했습니다. 고분자 연구를 딱히 싫어하는 것도 아니었지만 서비스업을 너무 해보고 싶더라는 것입니다. 그래서 잠깐 연구원을 쉴 수 있는 틈을 타서 동네의 차이니즈 레스토랑에서 일해봤는데 너무너무 행복하더라는 겁니다. 그 주에 주급으로 55만 원을 받았는데 영업시간이 종료된 빈 레스토랑에서 저무는 해를 바라보며 '아, 돈은 없어도 정말 행복하다'는 생각이 들었다고 해요. 그런데 막상 앞날을 생각하면 비전이 없어 보인다며 어떻게 해야 할지 고민이라고 하시더라고요.

저는 이렇게 말씀드렸습니다.

"두려움을 이길 폭죽이 없다면 그 길로 가지 마십시오."

두려움을 이기는 폭죽

제 강연을 후원하는 포프리 사장님이 직원들과 1년에 한 번 진행하는 워크숍에 폭죽을 설치했습니다. 우리가 흔히 보는 값싼 폭죽이 아닌 여의도 불꽃놀이 축제 때나 쓸 법한 그런 폭죽이었습니다. 전문가가 와서 직접 설치해주는 매우 고가의 폭죽이었죠. 겨울 바다 저 끝에서 미리 대기하고 있다가 전직원 300명이 모였을 때 폭죽을 터트렸습니다. 밤바다 하늘에 쏘아올린 폭죽을 보며 직원들은 모두 환호성을 지르며 즐거워했어요. 그런데 그 자리에서 단한 사람만 폭죽을 보지 않았습니다. 바로 사장님이죠. 사장님은 직원들 얼굴을 봤습니다. 밤하늘의 불꽃을 바라보는 사람들의 행복하고 밝은 얼굴을 봤습니다. 폭죽을 보는 직원들보다 사장님의 얼굴이 더 환희에 차 있었어요. 그때 알았습니다. 아, 사장님의 폭죽은 직원들의 행복이구나.

서비스업 종사자는 물론 다른 직종의 일을 하는 이들도 업무에 익숙해지면 기술적으로 정체되거나 재미가 없어집니다. 레스토랑에서 서빙을 하는 것이 아무리 행복해도, 개념 없는 고객을 만나거나 진상을 부리는 사람을 만나면 '내가 지금 무엇을 하고 있나' 하는 회의감이 밀려옵니다. 그러면 인생에도 문제가 생기기 시작합니다.

그러니 단순히 어떤 일을 할 것인지 업종만 찾을 것이 아니라, 내 안에 있는 분명한 가치를 찾아가세요. 내가 왜 이 일을 하려고 하는지, 나의 폭죽은 무엇인지. 예를 들어 나는 이 일을 할 때 무엇 때문에 행복한지 생각해보세요.

우리는 어려서부터 이런 이야기를 많이 들었습니다. "사람이 좋아하는 일만 하면서 살 수 없다." 저는 이 말에 반만 동의합니다. 좋아하는 일을 택해도 일상의 비루함을 견뎌야 하며, 좋아하는 일을 하면서 하기 싫은 일도 맞닥뜨려야 하기 때문이지요. 그러나 좋아하는 일을 선택한 사람을 특이하다고 치부하며 마음의 소리를 따라가는 사람을 철없다고 여기는 것에는 반대합니다.

어떤 어려움이 찾아온다 하더라도 그 기쁨과 즐거움으로 충분히 이겨낼 수 있는지 생각해보세요. 그렇게 나의 폭죽을 찾았다면 당신은 그 길이 어두워 보여도 기꺼이 들어가게 될 것입니다. 왜냐하면 주변이 어두울수록 폭죽은 더 밝게 빛나거든요. 나만의 폭죽이 무엇인지를 아는 것이 중요합니다. 그리고 그게 맞다면 그 빛을 따라 어둠으로 들어가라고 권하고 싶습니다.

반면, 두려움을 이길 만한 폭죽이 없다면 가지 마십시오. 어려울 것입니다. 앞이 보이질 않고 그저 깜깜하다면 기존에 하던 일을 계속 하는 게 맞습니다. 그 정도의 밝기로는 어둠을 밝힐 수가 없기 때문이죠. 내 안에 분명한 가치가 빛나고 있다면, 내가 그것을 보고 가치를 느끼고 내 인생이 솟아난다면, 그때 그 길로 나아가세요.

변화를 위한 작은 제안

아마 새로운 길을 걷는다고 하면 여러분보다 곁에 있는 사람들이 더 겁낼 것입니다. 아내나 남편처럼 인생 공동체를 이루고 있는 사람이라면 그 결과를 함께 감당해야 하니까요. 특히 안정적인 직업을 내려놓고 미지의 세계로 굳이 들어가겠다고 한다면 속도 상하고 화도 날 것입니다. 그 폭죽은 당사자 눈에만 보일 때가 많거든요. 그런데 이런 시기에 남편이나 아내를 잘 지원해주면, 중간에 돌아가더라도 배우자에게 평생 고마움을 느낄 거예요. "그냥 네 맘대로 해. 어차피 내가 말려도 할 거잖아"라는 식으로 지지해서는 안 됩니다. 그러면 배우자가 새로운 길을 나서도 찝찝하고, 나서지 않아도 껄쩍지근합니다. 그러니 배우자가 결정한 방향대로 거기에 추를 얹어주세요. 이미 주사위는 던져졌으니 상대가 어디로 가든 그 결정에 힘을 보태주십시오. 분명 당신에게 같은 방식으로, 또는 더 크게 그 고마움을 갚을 것입니다.

두려움 너머에
있는 것

　성악을 전공한 사람들은 대부분 이태리나 독일로 유학을 갑니다. 저도 유학을 갈 기회가 한 번 있었습니다. 대학교 4학년 때 연기법 수업을 들었는데 선생님이 공연예술 분야에서 유명한 뉴욕대학교 출신이었습니다. 전 세계적으로 명망 높은 명문 사립대학이에요. 한번은 교수님이 대학로에서 연극하는 사람들을 대상으로 교육하는 연극을 보게 되었습니다. 딱 제가 꿈꾸던 일이었습니다. 제가 성악을 하기 시작한 것도 영화 〈미션〉을 보고 사람들을 음악으로 감화시키고 싶어서였듯이, 연극으로 사람들에게 메시지를 전하는 일이라니, 생각만 해도 가슴이 두근거렸습니다.

　"제가 교육연극을 해보면 어떨까요?"

　용기를 내 교수님께 말씀드렸습니다. 교수님은 자신의 지도교수가 지금 뉴욕대학교의 학과장이라며 추천서를 써줄 테니 유학을 떠나 공부하라고 독려하셨습니다. 그때 저는 이미 성악으로 성공할 수 없다는 것은 느끼고 있었습니다. 노래로 유학을 갈 만큼 잘하지 못한다는 사실을 알았죠. 만약 '아냐! 그래도 나는 성악으로 승부를 볼 거야!'라는 강한 의지가 있었다면 계속 했을지도 모릅니다. 그런데 그런 마음이 없었고, 그때쯤 연기법 수업을 들었던 것이었죠. 다른 방도를 찾아보려고요.

교육연극을 배우러 뉴욕대학교에 너무 가고 싶었습니다. 그 전에는 미국 유학에 별 관심이 없었는데 눈앞에 구체적인 목표가 생긴 것이죠. 유학에 대해 알아보기 시작했습니다. 하지만 이내 좌절했습니다. 뉴욕은 물가가 어마어마했습니다. 뉴욕에서 살기는 불가능해서 근방을 알아보기도 했지만 비싼 등록금까지 이래저래 계산해보니 1년에 1억은 필요했습니다. 그래서… 못 갔죠.

저는 제가 돈이 없어서 못 갔다고 생각했습니다. 돈이 없고 영어를 못하니까 못 갔다고 생각했습니다. 그런데 시간이 지나 생각해보니 제가 '돈이 없다, 영어를 잘 못한다, 미국에 아는 사람도 없다'이런 이유 때문이 아니라, 그 상황들을 이겨낼 만한 더 강렬한 무언가가 없었던 것입니다. 절실함이라 할 수도 있고 사랑이라 할 수도 있는, 그런 열정이 없으니 미국이 두려웠던 것입니다. 영어도 두렵고, 돈도 두렵고…. 지금 생각해보면 그렇게 두려울 것도 없었습니다. 영어 못하고 돈이 없어도 한인식당에서 설거지를 하거나 청소 업체에서 일했으면 됐을 것입니다.

그때 미국에 갔다면 제가 지금보다 더 잘됐을까요? 경제적으로 더 풍족했을까요? 사회적으로 지위가 높아졌을까요? 저는 이제 그런 식으로 자신을 평가하지 않아요. 대신 이런 생각은 들지요. 더 잘되고 안 되고를 떠나서 내가 그때 두려워서, 사랑이 부족해서 그대로 머물렀던 것이 안타깝다. 그냥 그것이 아쉽다. 내 사랑이 부족했던 것에 대해서.

신세계로 들어가는 공포

드보르자크의 교향곡 〈신세계로부터〉는 체코 사람인 그가 고향을 떠나 미국으로 이민을 가면서 쓴 곡입니다. 4악장 도입부는 영화 〈죠스〉에서 식인상어가 나타날 때 쓰인 공포스러운 삽입곡의 모티브가 되었습니다. 드보르자크는 이 부분에서 신세계로 들어가는 두려움과 공포를 표현한 거지요.

《영혼을 위한 닭고기 수프》라는 책을 쓴 잭 캔필드는 "당신이 원하는 모든 것은 두려움 저편에 존재한다"고 했습니다. 우리의 삶에는 제대, 졸업, 취직, 이직, 결혼, 출산, 퇴직 등등의 신세계가 있습니다. 어쩌면 우리 삶은 죽을 때까지 계속 신세계로 들어가는 긴 여정일지 모릅니다. 그리고 그 길은 두려움을 필히 동반합니다. 어떨 때는 나를 단번에 토막내버릴 것 같은 두려움입니다.

삶이 두려우면 멈춰버립니다. 도망가고 싶고, 그만 하고 싶습니다. 그런데 이 두려움에서 계속 연주를 하면 그다음으로 갈 수 있어요. 교향곡 〈신세계로부터〉에서 공포스러운 도입부를 지나면 곧 힘차고 용맹한 개선곡과 같은 부분이 나옵니다. 두려움을 넘어선 세계가 분명 있습니다. 삶은 계속 신세계로 들어갑니다. 우리가 그 연주를 멈추지만 않는다면 말입니다.

변 화 를 위 한 작 은 제 안   ✎

여러분의 두려움과 사랑은 무엇인가요? 구체적으로 나의 두려움이 무엇인지 생각해보세요. 실패에 대한 두려움인지, 가족으로부터 인정받지 못하는 것에 대한 두려움인지, 또는 경제적으로 가난해지지 않을까 하는 두려움인지. 사실 말로 내뱉어보고, 글로 적어보면 별것 아닐 수 있습니다. 지금 당신을 두렵게 하는 게 무엇인지 써보세요. 제가 제일 좋아하는 글쓰기가 의식의 흐름대로 쓰는 것입니다. 내가 두려워서 하지 못하는 일이 있다면 그 두려움의 정체가 무엇인지 한번 써보고 소리 내어 읽어보세요. 그러면 그 두려움이 조금 가실 거예요.

진동하는 것만이
변화한다

사람을 비롯한 모든 동물이 죽음과도 같은 공포의 순간에 보이는 생존반응은 세 가지입니다. 싸우거나, 도망치거나, 얼어붙는 것입니다. 극도의 스트레스 상황에서 이성이 마비되면서 무의식적으로 세 가지의 반응으로 대처하게 되는 것이지요. 엄청난 에너지로 맞서 싸우든지, 그 힘으로 도망을 가든지. 그런데 그건 힘이 있을 때나 가능한 선택 사항입니다. 힘이 없는 동물은 마치 도시 전체가 정전이 되듯, 의식 자체가 '블랙아웃' 됩니다. 쉽게 말해, 사슴이 사자와 맞닥뜨렸을 때 사자를 공격할 힘도, 도망갈 힘도 없으면 순간 대량의 마취물질을 분비합니다. 그러면 사슴이 쇼크로 순간 기절을 해서 근육이 땅땅하게 굳습니다. 사자는 신선한 고기를 좋아하거든요. 사슴이 그렇게 기절을 해버리면 사자가 냄새를 맡고 죽었다고 판단해 그냥 안 먹고 지나가버리는 경우가 있다고 합니다. 제가 해병대에서 갑자기 쓰러졌던 것도 마찬가지였던 것 같아요. 공황장애로 블랙아웃 되어버린 거죠. 블랙아웃이 되면 우리는 스스로 끊임없는 자책, 후회, 걱정, 염려로 우리들의 삶을 잠식합니다. 공격할 힘도 도망갈 힘도 없는 사람들에겐 공황장애가 올 수 있는 거예요. 저도 스스로가 조금 이해가 되더라고요. '아, 내가 이런 스타일이구나. 그래서 사람들에게 조금 더 용기를 내라고 말하는구나.'

얼어붙은 나를
녹이는 방법

한 마사지치료사가 공황장애를 이기는 방법을 알려주셨습니다. 공황이 오면 블랙아웃 되기 전 단계에 온몸이 떨린다고 합니다. 불안해서 손톱을 뜯거나 다리를 막 떨어요. 심하면 발작 증상까지 이어집니다. 그런데 안 떨려고 하면 되레 증상이 심해집니다. 그럴 때는 다른 형태의 동일한 진동을 자기 안에서 일으키면 증상이 나아진다고 합니다.

사람이 살다 힘들어 준공황상태에 빠지면 그 사람은 자꾸 고민하고 계속 해결책을 만들려고 합니다. 그러나 뇌는 필요 이상의 생각을 하면 피곤해집니다. 피곤한 뇌는 사고 체계를 부정적으로 갖기 쉽습니다. 그러니 삶이 힘들 때는 필요 이상의 생각을 하는 대

신 몸을 움직여야 합니다. 진동을 일으켜야 합니다. 물리적인 진동
도 있지만 어떤 이야기를 듣고 웃는 것도 진동입니다. 또는 공감하
면서 맞장구를 치는 것도 진동입니다. 보통의 일상에서는 진동이
잘 안 옵니다. 웃을 일도, 깨달을 일도, 공감할 일도 없어요. 머리만
씁니다. 그런데 우리가 지금 준공황상태에 있다면, 우리가 해야 할
일은 생각이 아닙니다. 고개를 끄덕일 만한 책을 읽든지, 몸을 움직
여 운동을 하든지 그렇게 몸과 마음에 진동을 일으켜야 합니다.

변화를 위한 작은 제안

운동을 하세요. 몸과 마음은 하나입니다. 몸이 건강하면 마음
도 건강해져요. 스쿼트를 해서 허벅지 힘과 엉덩이 힘을 기르
세요. 하루에 앉았다 일어났다 100번을 하세요. 걸으면서 유산
소 운동도 좀 하고 관절이 안 좋으면 흙길을 뛰세요. 야채 많
이 먹고, 종합비타민도 챙겨 드시고, 칼슘도 잘 챙겨 드세요.
몸이 피곤하면 꿈이고 사랑이고 뭐고 다 귀찮아집니다. 사랑
만 하기에도 모자란 우리 인생입니다.

선입견을
벗어던지세요

　무의식은 지하수입니다. 그리고 의식은 지상에 고여 있는 웅덩이 물입니다. 웅덩이 물이 너무 오랫동안 고여 있으면 그게 지하수로 스며듭니다. 즉, 의식이 반복되면 무의식이 됩니다.

　얼마 전 중국에 처음 가봤습니다. 어릴 때 〈똘이 장군〉이라는 만화영화가 있었어요. 산속에서 동물들과 어울려 살던 타잔 소년 똘이가 간첩과 맞선다는 반공 애니메이션이에요. 제가 그런 만화영화를 보면서 공산당은 곧 빨갱이라는 교육을 받고 자란 세대거든요. 그래서 어른이 되어서도 중국이라는 나라에 왠지 모를 선입견이 있어 가볼 생각을 못했습니다. 중국 기업에서 강의 요청이 와서 처음 발을 디뎠는데, 그곳은 제 생각과 달리 너무 멋진 곳이었습니다. 그리고 중국에서도 제 강의가 호응을 받았습니다. 제 강의가 사실 한국 문화를 알지 못하면 이해하기 어려운 부분이 많은데 중국 사람들에게도 그게 어려움 없이 잘 통하더라고요. 제 선입견 때문에 중국이라는 나라에 이제야 왔다는 것이 너무 후회됐습니다. 그 무의식이 바로 곁에 있는, 어마어마한 기회의 땅, 중국을 보지 못하게 만든 것이죠.

선입견에 휘둘리는 삶

엄마 아빠가 싸우는 모습을 많이 보고 자란 아이는 이런 생각을 합니다. '결혼은 절대 안 한다.' '결혼해도 아빠 같은 사람은 만나지 않겠다.' 부모의 싸움이 한두 번이면 괜찮은데 그 비가 반복해서 내렸다고 생각해보세요. 그 물이 땅에 스며듭니다. 아이는 신체적으로 어른보다 작기 때문에 어른들과 시선의 위치가 달라요. 어른이 되어서 어른들의 싸움을 보는 것과 아이로서 어른들의 싸움을, 그것도 부모의 싸움을 보는 충격은 상상을 초월하게 다릅니다. 그러니 혹시 당신의 아이가 특별히 감수성이 예민하다면 절대 아이 앞에서는 다투지 않을 것을 부탁드려요. 큰 소리도 내지 마시고요.

물론 참기만 하면 화병이 될 수도 있죠. 그러나 아이 앞에서는 살짝 '쇼'라도 해야 해요. 싸웠어도 그런 적 없는 듯 연기하는 거죠. 아이 앞에서 서로를 비난하고 정죄하지 마십시오. 두 사람만 있을 때 다투는 건 상관없습니다. 폭력만 아니라면 서로 최소한의 필터링을 할 테니까요. 그러나 아이는 필터링 하지 않고 모든 상황을 확대하여 받아들입니다. 그러니 아이 앞에서는 가식적으로 느껴지더라도, 화가 났어도, 절대 싸우지 마세요. 아이에게 불필요한 선입견을 심어줄 수 있기 때문입니다. 그 선입견이 아이의 삶을 좌지우지하게 될지도 모릅니다.

나는 왜 이 세계에
들어가지 않았을까?

우리가 먹는 콩나물에도 선입견이 작용합니다. 콩나물공장에 가면 창을 아주 작게 만들고, 창마다 커튼을 둘러서 어둡게 해놓습니다. 왜냐하면 콩나물이 햇빛을 보면 콩나물 머리가 녹색으로 변하거든요. 녹색 콩나물은 상품 가치가 떨어져서 팔 수 없습니다. 콩나물은 노란색이어야 하잖아요. 그런데 사실 노란색 콩나물은 녹색 콩나물보다 영양가가 훨씬 떨어진다고 합니다. 식물은 햇빛을 받아 광합성을 해야 영양분이 높아지거든요. 녹색 콩나물은 광합성으로 엽록소가 생성되어 노란색 콩나물보다 아스파라긴산과 비타민C가 4배나 높아 숙취 해소와 피로 해소, 면역력 증진에 도움이 됩니다. 또 맛도 훨씬 좋습니다. 그런데 우리에게 콩나물은 노란색이라는 선입견이 강하게 있기 때문에 녹색 콩나물을 먹지도, 팔지도 않습니다. 콩나물공장 사장님에게 제가 물어봤습니다. "녹색 콩나물이 훨씬 영양가가 높은데 왜 팔지 않으십니까?" 사장님은 "용기가 없어서요"라고 대답했습니다. 어쩌면 우리는 햇빛을 향해서 창만 열면 되는데, 선입견 때문에 용기를 내지 못하고 영양가 없는 삶을 살고 있을지 모릅니다.

여러분, 우리는 무슨 선입견 때문에 삶의 어마어마한 세계에 들어가지 않는 걸까요? 그게 결혼이든, 연애든, 사랑이든, 비즈니스든, 인생에는 엄청나게 다양한 세계가 있거든요. 그런데 우리는 그 세계에 들어가지 못하는 것 같아요. 하나의 세계에만 머무르려고 하죠. 아니면 새로운 세계에 들어가서도 본래 가진 선입견대로 살고요. 그렇게 살면서 삶은 노란색이어야 한다고 말합니다. 때론 노란색만이 진정한 삶이라고 단언합니다. 하지만 삶에는 녹색 콩나물이 도처에 있습니다. 잠시 선입견을 내려놔보세요. 그 안에 두려움도 있겠지만 어마어마한 경험과 기회 또한 존재할 것입니다. 맛도 좋고 영양가도 많은 녹색 콩나물을 인생에서 꼭 재배해 드셔보시길 바랍니다.

져야 할 짐과 버려야 할 짐을
구분하라

누구에게나 마음의 짐이 있습니다. 그 짐의 종류는 두 가지인데요, 첫 번째는 버려야 할 짐, 두 번째는 져야 할 짐입니다.

사람은 간절히 바라면 자기가 져야 할 짐을 집니다. 그런데 그냥 가벼운 바람이라면 짐을 지려고 하지 않아요. 그저 바람처럼 흩어지는 단순한 바람일 뿐이죠. 어렵고 곤란한 일들을 누군가 대신해 줬으면 좋겠고, 갑자기 마법처럼 일이 됐으면 좋겠고, 그런 바람은 짐을 지지 않습니다. 아무 대가도 지불하지 않지요. 잘못 가면 요행이 되기도 합니다. 땀 흘리지 않고 무언가를 얻으려 하면 사기꾼이 그 냄새를 맡고 당신에게 들러붙을지 모릅니다. 에스파냐 속담에 이런 것이 있습니다. "신은 말씀하셨다. 원하는 바를 취하라. 그리고 그 대가를 치러라." 대가 없이 되는 것은 세상에 아무것도 없습니다.

기꺼이 던져버려도 좋은 짐

사람은 자기가 져야 할 짐을 질 때 비로소 내게 있는 쓸데없는 짐을 확인합니다. '아, 내가 지지 않아도 될 짐을 지고 있구나. 내가 정진해야 할 짐은 이것이구나' 하고 알아차립니다. 이렇게 자기가 져야 할 짐을 인지하고 기꺼이 감수할 때 사람이 성장합니다.

짐이라는 말은 근심이나 염려라는 단어와 비슷합니다. '근심하다', '염려하다'의 라틴어 어원은 '오지 않을 수 있는 미래나 지나가 버린 과거에 자기의 마음이나 생각을 가져다 대다'라는 뜻을 갖고 있다고 합니다. 그러니 몸은 여기에 있는데 정신은 딴 데 가 있는 상태를 말하는 것이죠. 사람은 몸과 마음이 한 장소와 한 시간에 있을 때 강력한 힘을 내는 데, 정신이 딴 데 가 있으면 힘이 분산됩니다. 회의실에 앉아 이번 프로젝트에 대해 이야기하고 있는데 마음은 저번에 인사고과에서 날 제외한 부장을 생각하고 있다든가, 아이랑 저녁을 먹고 있는데 세 달 뒤에 있을 설날 명절 선물을 무엇으로 할지 고민한다든가.

지지 말아야 할 짐이란 이런 것입니다. 당장 필요하지 않은 근심과 염려. 지금 여기에 몸과 마음을 두고 근심과 염려를 버리세요. 더 적극적으로 얘기하면 지금 내 일이 벌어지는 현장에 집중하고 어우러지라는 말입니다. 밥 먹을 때는 밥을 먹고, 일할 때는 일을 하고, 잠을 잘 때는 잠을 자고. 현재에 충실하지 않으면 우리는 지금의 삶을 빼앗기게 됩니다.

인간은 습관적으로 항상 몸이 여기 있는데 마음이 어딘가로 가 있습니다. 몸이 마음을 따라간다 해도 생각과 마음은 습관대로 그 다음으로 가버립니다. 몸은 다시 허겁지겁 쫓아가지만 마음과 생각은 또 미래로 갑니다. 지금의 삶도 빼앗기고 미래의 삶도 빼앗깁니다. '지금' '여기'를 사는 것은 매우 중요합니다. 그래야 내 삶을 빼앗기지 않고 온전히 살 수 있습니다.

지금 여기를 사는 방법은 먹을 때는 먹고 잘 때는 자고 일할 때는 일하는 것입니다. 길을 걸을 땐 그냥 길을 걸으세요. 생각하거나 근심하지 말고 지금 하고 있는 일에 충실하십시오. 이것이 순도 높은 삶입니다.

단 하나 명심할 것은
당신 자신은 짐이 아니라는 사실입니다.
그 어떤 순간에도 말입니다.

누군가의 짐을 함께
짊어질 준비가 되었는가

강연에서 질문을 받았습니다. 작은 회사를 운영하고 있는데 대표로서 직원들에게 도움을 주고 싶다는 생각이 앞서다 보니 자꾸 지적을 하게 된다는 고민이었습니다. 소통하고 공감하는 조직문화를 만들기 위해 노력도 많이 한다고 하셨지요. 제가 보기에 이상적인 회사를 꿈꾸며 나름 애쓰신 것 같았습니다. 하지만 연인과 오래 가려면, 심지어 부모자식 사이도 평탄하게 가려면 오직 친구가 되어야 합니다. 회사도 똑같습니다. 친구란 재밌는 일만 도모하는 존재가 아니라 그냥 가만히 무얼 하지 않아도 편안한 존재입니다. 대표가 한 발 먼저 가본 입장에서 직원들에게 조언을 해줘야 한다고 생각할 수 있겠지만, 사실 말보다는 행동의 언어가 더 효과적인 법입니다. 말보다는 삶을 보여줘야 가까운 사람에게 효과가 있습니다. 그리고 행동으로 보여줘도 알아듣지 못하는 사람에게 말을 하면 결국 반감만 가질 뿐입니다.

북아메리카 원주민은, 친구란 나의 슬픔을 자기의 등에 진 자라고 했습니다. 그러니까 대표가 직원들과 친구가 되고 싶다면 직원들의 짐을 자신의 등에 져야 합니다. 직원들을 교육한다고 친구가 되진 않아야 한다는 것이죠. 물론 직원도 회사와 친구가 되고 싶다면 회사의 짐을 나눠 져야 합니다. 오래가는 사이에서는 틀림없이 이렇게 짐의 문제가 생깁니다. '내가 이 사람의 짐을 져줄 수 있는가.' 우리는 물어야 합니다. '내가 회사의 짐을 질 의지가 있는가. 회사가 그럴 가치가 있는가.' 물어야 합니다. 서로의 짐을 나누어 지지 않으면 오래갈 수가 없습니다. 그렇다고 직원들에게 내 짐을 함께 나눌 것을 강요해선 안 됩니다. 그보다 먼저 내가 누군가의 짐을 지고 있는지를 확인해보십시오.

변 화 를 위 한 작 은 제 안

살다가 힘들어지는 날 우리는 친구가 필요합니다. 오래된 직장 동료라고 다 친구가 아니고, 같은 학교 나왔다고 친구가 아닙니다. 서로의 슬픔을 등에 나눠지는 자, 그가 나의 친구입니다. 내가 그의 슬픔을 나눠서 지면 그 사람은 압니다. '아, 저 사람이 내 슬픔을 자기 등에 지고 가는구나.' 그러면 나중에 내가 힘들 때 그 사람이 나의 슬픔을 지고 갈 수 있는 것입니다. 그런 믿음과 신뢰가 있을 때 우리는 둘도 없는 친구가 됩니다.

세상 모든 사람과 그럴 수도 없고, 그럴 필요도 없습니다. 이 험난한 세상에 함께 걸어갈 인생 친구 한둘이면 족합니다. 당신은 그런 친구가 있나요? 그리고 당신은 누군가의 그런 친구인가요?

이끄는 이의
책무와 자세

한 극단의 초대를 받아서 연극을 보러 갔어요. 포프리 사장님과 같이 나름 문화생활을 즐기러 간 거지요. 솔직히 완성도 있는 연극은 아니었습니다. 작은 공연이라 끝나고 배우들이 관객석으로 내려와서 인사를 하는데, 사장님이 그 친구들한테 조언을 너무 하고 싶어 하는 거예요. 제가 말렸습니다. 집으로 돌아가는 차 안에서 하는 말씀이, 취미도 아니고 프로로서 데뷔를 한 사람들이 관객들에게 돈을 받아서 하는 공연이니까 그 정도 실력 가지고는 안 된다고 말해주고 싶었대요. 더 잘되길 바라는 마음으로 조언을 하려던 거죠. 사장님은 그럴 때가 많다고 했습니다. 사업하는 사람들을 봐도 많이 안타깝고요. 저렇게 하면 안 되고 이렇게 해야 하는데, 저건 정말 큰일 나는데 등등. 사장님은 사업 수완도 좋고, 경험도 많고, 감도 있으니까 눈에 그런 게 잘 들어오는 거죠. 그래서 오지랖

255

이 넓다는 말도 굉장히 많이 듣는다고 합니다.

　그런데 제 생각에는 리더의 이끄는 힘이라는 건 굉장히 조심해서 써야 하는 것 같아요. 예를 들면 웅덩이에 빠진 누군가를 건져내주고 싶어요. 안 그랬다가는 곧 죽을 것 같거든요. 그런데 내가 끌어당긴다고 그 사람이 웅덩이에서 건져지는 것은 아닙니다.

도움에도 순서가 있습니다

　일단은 빠진 사람의 액션이 먼저입니다. "저 좀 건져주세요" 하고 웅덩이에 빠진 사람이 먼저 손을 뻗어야 합니다. 그리고 내 힘만큼 그 사람도 내 손을 힘을 주어 잡아야만 서로가 잡아당기는 힘으로 물에 빠진 사람이 육지로 훅 올라올 수 있습니다. 상대방은 의지가 없는데 내가 강력한 힘으로 그 사람을 건지려고 하면 어떨까요? 심지어 그 사람은 자신이 빠졌다는 것도 모를 수 있어요. 그런데 급하니까 잡히는 대로 팔을 확 당겨버리면 팔이 빠져버릴 수도 있다는 거죠. 어쨌거나 죽는 것보다 나으니까 그 사람을 구해놓고 웅덩이에 점점 물이 가득 차는 것을 보면서 "봐, 너 거기 있었으면 죽을 뻔했어"라고 해도 상대는 고마워하지 않아요. 오히려 "당신 때문에 팔 빠졌잖아요!"라고 성을 냅니다. 그러니까 웅덩이에 그대로 있었으면 익사했을 사람을 구하기 위해 나는 돈 쓰고 마음

쓰고 시간 쓰고 에너지 썼는데 손해배상을 하라는 식인 거죠. 내가 돌려받는 것은 상처뿐입니다.

저도 마찬가지였습니다. 나는 어떤 일을 하고 있나, 어떤 일을 해왔나 생각해봤더니, 저는 사람들의 마음에 침을 놓는 일을 하고 있는 것 같습니다. 누군가의 마비된 부위에 침을 놔서 혈을 풀리게 하는 것이지요. 침이 나쁜 건가요? 나쁘지 않죠. 침은 좋은 역할을 해요. 실제로 제 강연에 와서 실질적으로 삶이 변했다고 말하는 분들이 있습니다. 그런데 어느 순간 깨달은 게 있습니다. 침은 나를 신뢰하고 자기 발로 맞으러 온 사람에게만 놔야 한다는 사실이었습니다. 아무리 내가 혈을 잘 찾고 필요한 부분에 정확하게 놓는다 하더라도 나한테 침을 맞으러 온 게 아닌데 침을 놓으면, 그 사람 입장에서 바늘로 찌르는 것과 같은 공격일 수 있습니다. 그런데 저는 한때 침을 놔달라고 하지 않아도 그 사람에게 침이 필요하다 싶으면 그냥 놔버렸습니다. 가까운 사람이 저렇게 살면 안 될 것 같다고 생각하는 순간 그 사람 동의 없이 대침을 찔러버렸습니다. 그리고 이렇게 말했습니다. "내가 틀렸니? 내 침이? 난 정확하게 알아, 어느 지점인지."

보통 제 주변의 사람들은 저를 무서워하거나 어려워합니다. 저는 되레 가깝지 않은 사람에게 더 친절하게 대합니다. 그런데 가까운 사람에게는 그렇지 않은 것이지요. 제가 가장 침을 많이 놨던 사람들은 연구소 식구들이었습니다. 가깝다고 생각한 사람들에게 조금이라도 어긋나는 기미가 보이면 그들의 동의를 받지 않고 바로 팔을 잡아당기고 침을 놓았습니다. 그랬더니 3년, 4년만 함께 있으면 사람들이 다 떨어져나갔습니다. 이것을 인식하지 못하면, "요즘 애들은 끈기가 없어!" 이런 말이 나오죠. 기원전 18세기에 쓰인 함무라비 법전에도 요즘 애들이 버릇없다고 나와 있어요. 그러니 문제는 '요즘 애들'한테 있는 게 아니지요. 이건 시대의 문제가 아닙니다. 맞는 말도 기분 나쁘게 하는 것이 가장 큰 문제인 것 같습니다. 상대방의 정서로부터 동의받지 않았는데 충고부터 하는 것이지요.

돕는 일에도
예의가 필요합니다

내가 보기에 좀 어려워 보인다고, 이 부분에 침 한 방만 놓으면 다 풀릴 것 같다고, 내가 좀 당기면 될 것 같다고, 내 식대로 해버리면 오히려 상대방에게 더 상처를 줄지도 몰라요. 상대도 도움을 받아야겠다는 필요성을 스스로 인지하고 내가 내미는 손의 힘만큼이라도 의지를 낼 때 도와야 합니다. 그러지 않으면 그 사람도 상처받고 나도 상처받아 세상에 대한 마음을 닫게 됩니다. 좋은 리더는 잘 봐야 하지만 본 걸 못 본 척해주는 법도 알아야 합니다. 제 음악 선생님이 이런 말씀을 하셨어요.

"성악에서 솔리스트는 말이야. 혼자 노래를 하니까 타고나거나 열심히 하면 돼. 그런데 선생은 학생을 기다려줄 줄 알아야 해. 그게 선생이야. 그래서 선생이 힘들어. 나는 답답해. 고쳐야 할 게 다 보이거든. 그런데 선생, 리더, 부모, 어른이 되어간다는 것은 세상이 다 내 속도로 돌아가지 않는다는 것을 아는 거지."

좋은 선생이 되고 좋은 리더가 되고 좋은 부모가 되고 좋은 어른이 되려면 잘 볼 줄 알아야 하지만 잘 기다릴 줄도 알아야 합니다. 이끄는 자의 기본 자질은 상대를 향한 배려에 있습니다.

보자기 같은 사람이
되는 법

책가방 같은 사람이 있고 보자기 같은 사람이 있습니다. 보자기
는 물체의 모양이나 크기에 상관없이 감쌀 수 있습니다. 책은 책대
로, 병은 병대로 말이지요. 그런데 책가방은 모양이 미리 잡혀 있
습니다. 네모난 책가방 안에 넣을 수 있는 것은 한계가 있어요. 사
람을 품는 일도 똑같습니다. 내가 네모난 서류가방처럼 생겼다면
둥그런 항아리 같은 동료를 담아낼 수 없습니다. 《이어령의 보자
기 인문학》에 나오는 이야기인데요. 리더가 될수록, 나이를 먹을수
록 보자기 같은 사람이 되면 얼마나 좋을까 하는 생각이 들었습니
다. 무엇이든 담을 수 있는 사람. 그 모양을 그대로 유지하면서 들
고 갈 수 있게 해주는 존재. 만약 책가방 같은 사람이라면 그 내면
이 정말 넓지 않은 한 다른 존재를 포용하기 어렵습니다.

어떻게 하면 모양이 다른 누군가를 품을 수 있을까요? 비록 책

가방처럼 딱딱해도 마음이 정말 크거나 유연하다면 타인을 감쌀 수 있겠죠. 근데 과도하게 '난 나야', '난 아주 한결같아' 하는 사람들은 나이가 들수록 세상을 살기가 어려워집니다. 그리고 그런 사람일수록 무너지고 깨졌을 때 회복하기가 쉽지 않습니다.

저도 앞서 말한 강연 때 부정적인 피드백을 받은 후 무대에 서는 것이 아직까지 겁이 납니다. 강연은 늘 긴장되는 일이긴 하지만 무대에 오르면 '난 된다!' 확고한 자신감이 있었거든요. 그런데 그게 와르르 무너져버렸습니다. 그런데 이 위기가 나를 보자기 같은 사람으로 만들어줄 기회라는 걸 깨달았습니다. 만약 여러분도 그런 상황에 처해 있다면 당황스럽겠지만 마음의 자세를 잘 잡아보세요. 그러면 그 마음이 보자기가 될 수 있을 겁니다. 나이가 들수록 보자기 같은 사람이 되세요. 그게 어렵다면 가방의 크기를 키우십시오. 안 그러면 다른 사람과 함께하기가 점점 더 어려워지고 아주 소수의 사람만 남게 될 겁니다. 물론 그것도 나쁘진 않습니다. 다만 우리가 어떻게 살 것인가를 우리가 선택해야 하지요. 여러분이 뭘 원하는지 잘 생각해보세요.

인생은 결코
한 번에 되지 않습니다

저는 사람들의 '리액션'이 필요했습니다. 집안 분위기가 살벌하니까 밖에서라도 사랑을 받고 싶었습니다. 저의 가장 큰 무기가 말하는 거였으니 말을 많이 했어요. 까불고, 주절대고, 간섭했습니다. 그런데 말을 잘한다는 건 별로 칭찬받을 만한 일이 아니었습니다. 어른들한테 '물에 빠지면 입만 둥둥 떠다닐 것'이란 이야기를 들었죠. 그러다 보니 점점 의기소침해졌습니다.

어린 시절을 그렇게 보냈는데 좋은 선생님들을 만나면서 변하기 시작했어요. 아주 좋은 기회를 만나 오랫동안 저를 붙잡았던 열등감, 자존심, 상처 이런 것에서 벗어날 수 있게 된 거예요. 내가 잘하는 것, '말'에 자신감이 붙었습니다. 그래서 강의를 해야겠다고 생각했습니다.

2001년에 스피치 학원에서 처음 강사를 시작했습니다. 그때 시간당 2만 원을 받았습니다. 2시간을 해야 했는데, 열정이 넘쳐서 3시간 반을 했습니다. 그리고 강의가 끝나면 호프집에 가서 수업을 듣는 분들에게 술을 사느라 돈도 제대로 벌지 못했지요. 하지만 무척 행복했습니다. 태어나 처음으로 사람들에게 '강사님'이라고 불렸습니다. 하고 싶은 말을 했을 뿐인데 사람들이 변하는 게 신기했습니다. 그리고 제 직업을 '보이스컨설턴트'라고 부르기 시작했습니다. 사실 스피치 학원 강사로 일하고 있지만 제가 하고 싶은 것은 그게 다가 아니었거든요.

한번은 비범하게 생긴 남자분이 제 강의에 왔는데 저에게 여기 오래 계실 분은 아닌 것 같은데 본인 형수님을 도와줄 수 있느냐고 했습니다. 형수님이 뉴욕주 변호사인데 한국 변호사 면허를 딸 때, 한국 정서도 잘 모르고 말하는 걸 어려워하니 개인 레슨을 해달라고 하셨습니다. 그래서 소개를 받아 집에 갔습니다. 근데 그 형수님은 또 본인이 아니라 아이를 부탁하더라고요. 아이가 민족사관고등학교 입학 시험을 준비하는데, 영어 토론 대회를 위해 레슨을 해달라고요. 중학생들은 대부분 숫기가 없고 말을 우물쭈물 거리지만 훈련을 하면 금방 바뀝니다. 실제로 금방 달라지더라고요. 그때는 '강남에 특목고 논술면접을 준비하는 학생들을 훈련시키는 시장이 엄청나겠구나' 싶었어요. '나 이제 풀리는구나!' 싶었죠. 근데 레슨이 끝나고 바로 연락이 끊어지더라고요. 이게 바로 인생의 묘미지요.

고기를 한 번에 구울 수는 없다

인생은 고기 굽는 것과 같다고 생각해요. 전 구워먹는 고기를 좋아하는데, 고기를 많이 굽다 보니까 고기는 한 번에 구울 수 없다는 사실을 깨달았습니다. 괜찮은 고기일수록 타지 않게 여러 번 뒤집어야 합니다. 저는 이게 인생과 100퍼센트 일치한다고 봅니다.

다들 한 번에 될 것처럼 저에게 말했어요. "강사님은 여기 오래 계실 분 같지 않네요." 저는 제가 대치동을 접수할 줄 알았어요. 어떤 이유에서인진 몰라도 잘 안 되었습니다. 그러고는 다시 지글지글 익던 면을 뒤집으니까 다른 쪽 면은 처음 것처럼 하나도 안 익은 것이 보였지요. 그때 또 기적처럼 기회가 찾아왔습니다.

학교 다닐 때 사설 합창단을 했었는데, 그 단장님이 한 대학교의 교무처장이셨습니다. 대학 졸업하고 뭐 할 거냐는 그분의 질문에 보이스컨설턴트를 할 거라고 이야기했습니다. 그랬더니 언론정보대학원에 어떤 교수님을 만나보라고 소개해주시더라고요. 그래서 그 교수님을 만났습니다. 당시에 저는 그냥 학부만 졸업한 서른 살 청년이었습니다. 그래서 제가 무얼 하는지 말씀드렸지요. 그랬더니 그분이 "언론정보대학원에 교수가 일곱 명인데 우리 레슨해줄 수 있어요?" 하더라고요. 교수님들은 커뮤니케이션 관련 공부를 하신 분들인데, 말을 잘하는 것은 아니었거든요. 골프를 공부했다고 골프를 반드시 잘 치진 않잖아요. 코칭을 해드리니까 바로 좋아지는 분들이 생겼습니다. 이후 대학원에 들어와서 강의를 하라는 제안을 받게 되었습니다. 얼마나 기뻐요. 유학을 다녀와도 자리를 못 잡는 사람들이 수두룩한데, 게다가 저는 교수님을 대상으로 강의를 했으니 학생을 대상으로는 왜 못하겠어요. 하지만 결국 저에게 학위가 없어서 불가능하다는 답을 들었습니다. 석사를 지도하려면 박사이거나 석사를 이수해야 하는 내규가 있었던 것이지요. 그래서 해보지도 못하고 잘렸습니다.

근데 그 교수님이 고기를 또 한 번 뒤집는 말을 했습니다. "김 선생, 대학은 개방적이어야 하는 곳인데 아주 보수적이에요. 김 선생은 대학 교수한테 인정받았으니 비즈니스 판으로 가보세요. 거기는 학력이 없어도 실력이 있으면 받아줍니다." 어떤 분이 리더십 센터를 소개해주었습니다. 그곳 소장님이 교수들을 대상으로 레슨을 해달라는 거예요. 그래서 교수님 전체를 대상으로 레슨을 했습니다. 그러다 보니 한 대학교 최고경영자 과정과 리더십 센터 프로그램을 맡아달라는 제안이 들어왔습니다. 무척 설렜습니다. 하지만 저에게 강의를 해달라고 했던 그 소장님이 최종적으로 안 된다는 결론을 들고 왔습니다. 제겐 강의를 할 수 있는 해당 리더십 센터 라이센스가 없었기 때문입니다. 물론 지금 생각해보면 그분은 경영자로서 맞는 판단을 한 거죠. 근데 당시에는 "이게 몇 번째야! 된다고 했다가 안 된다고 했다가" 하는 생각뿐이었어요. 그 이후로 한 예닐곱 번은 더 그랬던 것 같습니다.

과거의 저는 아마 이렇게 하소연했을 겁니다. "제가 정말 열심히 구워서 여기가 노릇노릇해졌는데, 세상이 나를 바로 뒤집어버렸어요. 나는 또 원점으로 돌아온 것 같아요. 뭔가 된다 싶었는데…. 아예 안 된다 싶었으면 처음부터 희망을 갖지 않았을 텐데…." 타임 머신을 타고 지금의 제가 과거의 저에게 갈 수 있다면 전 이렇게 말할 겁니다. "창옥아, 고기는 한 번에 구워서 먹을 순 없어. 넌 지금 고기를 잘 익히고 있는 중인 거야."

기대하지 않는 삶보다 더 비참한 것은 없습니다

우리 삶에 실망스런 일이 자꾸 벌어지면 삶에 더 이상 기대하지 않게 됩니다. '삶은 기대할 게 없어.' '열심히 살아봤자 인생은 아무것도 없어.' 그런데 기대와 희망 없이 살면, 멈추는 것이 아니라 퇴보하게 됩니다. 경제적 퇴보를 말하는 게 아닙니다. 의식의 퇴보를 말하는 것입니다. 퇴보한 사람들 옆에 가면 상쾌한 냄새가 나지 않습니다. 젊은 사람들은 내공이 없어도 젊음만으로 매력이 있지만, 어느 날 그 기운이 꺾이는 나이가 반드시 옵니다. 내면 관리를 안 해두면 나이가 들었을 때 자기 에너지가 잘 돌지 않습니다. 젊음은 소망과 기대로 이루어져있습니다. 그러니 세월이 흘러도 그것을 놓지 마세요.

삶이 계속 나아지길 바라는 마음. 각자 내 삶이 어떻게 됐으면 좋겠다는 바람이 있잖아요. 그게 없다면 주문을 하지 않았는데 음식이 오는 것만큼이나 어렵습니다. 물론 이렇게 말하는 분들도 있지요. "선생님, 그렇게 삶의 주문을 하면 음식이 옵니까?" 확실하게 말씀드리면, 반드시 그렇게 되지는 않습니다. 하지만 더 확실한 건 아무 주문을 하지 않았을 때 음식이 올 확률보다는 높다는 것입니다. 주문을 하지 않았는데, 원하거나 바라거나 소망하지 않았는데, 어떻게 원하는 게 삶에 찾아올 수 있겠습니까.

고기가 한 번에 구워질 순 없습니다. 그러니 안 되었다고 실망하지는 마십시오. 인생을 한 번에 구우려고 하지 마십시오. 그러다가 타버리는 경우가 훨씬 많습니다. 간절히 소망하되 그것으로 내 인생이 다 구워질 거라고 생각하지 않기를 바랍니다. 어차피 삶은 서서히 익어갈 테니까요. 여러분은 이때까지 삶을 뒤집고 잘 구워서 여기까지 오셨습니다. 고기는 한 번에 구워지지 않으니 삶이 뒤집어졌다고 생각될 때 너무 상심하지 마시고, 절대 포기하지 마십시오. 새로 구우면 그뿐입니다. 인생이라는 고기는 긴 세월 요리조리 구워야 합니다.

어느새, 어느 날, 잘되실 겁니다

우리 삶은 우리가 죽는 날까지 진행형입니다. 그래서 계속 기회가 있다고 생각합니다. 누군가 이런 이야기를 했습니다. 고통이 고통으로 끝나지 않았으면 좋겠다고. 슬픔이 슬픔으로 끝나지 않았으면 좋겠다고.

세상 모든 일이 밝고 좋을 수만은 없습니다. 살아가며 우리는 상처를 받기도 합니다. 처음엔 아무것도 아닌 상처라 여겼는데 어느새 삶의 전부가 되어버리지요. 분명, 전부라고 생각했던 것이 아무것도 아닌 날도 올 것입니다.

제게 마음을 열어주셔서 감사합니다. 이 책을 펼쳤다는 것은 제 이야기에 마음을 열어주셨다는 뜻이니까요. 열린 마음이 당신을 회복하고 성장하게 할 것입니다. 예전에는 제가 청중들에게 답을 알려주는 직업이라고 생각했는데, 시간이 지나니까 조금씩 좋아지시길 바라는 것 외에는 제가 마땅히 할 게 없다는 생각이 듭니다. 그저 여러분이 좋아지시길 바랍니다.

세상에는 좋은 이야기를 들려주시는 분들이 많습니다. 그분들의 이야기에서 진심이 느껴졌다면 마음을 열고 그저 들어보세요. 좋은 이야기를 접했다고 당장 인생이 변하지는 않을 것입니다. 듣고 잊어버리고, 좋으면 또 듣고, 다른 곳에 가서 또 필요한 이야기를 듣고, 그렇게 2년, 3년만 해보십시오. 그러면 알게 됩니다. 어느새 달라진 우리를 어느 날 발견할 수 있을 겁니다. 어느새 달라진 것만 진짜입니다.

너무 완벽해지려고 하지 마십시오. 그러지 않아도 괜찮습니다. 그러지 않아도 소중합니다. 그것을 우리가 받아들일 때 가장 잘 성장하게 될 것입니다. 제 말을 믿으셔도 됩니다. 왜냐하면 제 경험이니까요. 저는 이 점만은 확신해서 말씀드릴 수 있습니다. 강연이 끝나면, 책을 다 읽고 나면 다 잊어버리세요. 그냥 좋아하는 음식 맛있게 먹고, 좋아하는 사람들과 대화하고, 더워지기 전에 아침저녁으로 산책도 해보십시오. 너무 걱정하지 마세요. 잘될 것입니다.

우리가 살아갈 수 있는 유일한 방법은
자라나는 것이다.
자라날 수 있는 유일한 방법은
변하는 것이다.
변할 수 있는 유일한 방법은
배우는 것이다.
배울 수 있는 유일한 방법은
자신을 드러내는 것이다.
자신을 드러낼 수 있는 유일한 방법은
여는 것이다.
당신 자신을 열어라.

— C. 조이벨 C.